CÓMO MATAR A UN PRESIDENTE

LOS ASESINATOS DE BERNARDO MONTEAGUDO, MANUEL PARDO Y LUIS M. SÁNCHEZ CERRO

ROLANDO ROJAS ROJAS

Cómo MATAR a un PRESIDENTE

Los asesinatos de Bernardo Monteagudo, Manuel Pardo y Luis M. Sánchez Cerro

IEP
INSTITUTO DE ESTUDIOS PERUANOS

Serie: Estudios Históricos, 77

Horacio Urteaga 694, Lima 11
Telf.: (51-1) 332-6194 / Fax: (51-1) 332-6173
Correo-e: libreria@iep.org.pe
www.iep.org.pe

ISBN: 978-9972-51-698-6
ISSN: 1019-4533

Impreso en Perú
Primera edición: Lima, julio 2018
Tiraje: 1500 ejemplares

Hecho el depósito legal en la Biblioteca Nacional del Perú: 2018-09218
Registro del proyecto editorial en la Biblioteca Nacional: 31501131800633

Asistente editorial:	Yisleny López
Corrección:	Daniel Soria
Diagramación:	Silvana Lizarbe
Carátula:	Gino Becerra
Cuidado de edición y revisión de texto:	Odín del Pozo

Los editores agradecen a los propietarios de los derechos de autor de las fotografías e imágenes por colaborar en esta publicación. Asimismo declaramos haber hecho todo lo posible para identificar a los autores de las imágenes que se reproducen en este libro, cualquier omisión es involuntaria. Agradeceremos toda información que permita rectificar cualquier crédito para futuras ediciones.

BIBLIOTECA NACIONAL DEL PERÚ
Centro Bibliográfico Nacional

985
R781 Rojas Rojas, Rolando, 1973-
Cómo matar a un presidente: los asesinatos de Bernardo Monteagudo, Manuel Pardo y Luis M. Sánchez Cerro / Rolando Rojas Rojas.-- 1a ed.-- Lima: Instituto de Estudios Peruanos, 2018 (Lima: Cimagraf).
170 p.: il., retrs.; 19 cm.-- (Estudios históricos / Instituto de Estudios Peruanos; 77)

Bibliografía: p. 165-170.
D.L. 2018-09218
ISBN 978-9972-51-698-6

1. Monteagudo, Bernardo, 1787-1825 - Asesinato 2. Pardo, Manuel, 1834-1878 - Asesinato 3. Sánchez Cerro, Luis M., 1889-1933 - Asesinato 4. Presidentes - Asesinato - Perú - Historia 5. Violencia política - Perú - Historia - Siglos XIX-XX 6. Perú - Historia - Siglos XIX-XX I. Instituto de Estudios Peruanos (Lima) II. Título III. Serie

BNP: 2018-408

Índice

PREFACIO
Sobre caudillos y tumbas 11

BERNARDO MONTEAGUDO. El azar y la revolución 17

Los inicios de Monteagudo 23
El revolucionario de Chuquisaca 27
Monteagudo en Buenos Aires 31
El tribuno de la revolución 36
En Chile rumbo al Perú 38
En el gobierno del Perú 44
El "odio inflamado" contra Monteagudo 48
Retorno y muerte de Monteagudo 52
La investigación del crimen 56
Epílogo 63

MANUEL PARDO. La fortuna y el poder 67

Los orígenes de Pardo 72
Pardo, consignatario del guano 77
Pardo y su proyecto modernizador 79

Pardo, el funcionario modernizador 83
En la Beneficencia y la municipalidad 87
Rumbo a la Presidencia 91
La sublevación de los Gutiérrez 95
En Palacio de Gobierno 98
Exilio en Chile y retorno al Perú 102
El asesinato y el proceso judicial 108
Epílogo 115

Luis M. Sanchéz Cerro:
autoritarismo y conservadurismo popular 119

La formación de un caudillo 124
La revolución de Arequipa 131
Las elecciones de 1931 138
El primer atentado contra Sánchez Cerro 144
La revolución de Trujillo y el conflicto con Colombia 148
El asesinato y las investigaciones 154
Epílogo 159

Post mortem 161

Esbozo bibliográfico 165

Casi ninguno de sus asesinos murió de muerte natural
ni le sobrevivió más de tres años. Fueron todos condenados,
pereciendo cada cual de diferente manera;
unos en naufragios, otros en combate y algunos
clavándose el mismo puñal con que hirieron a César.

Suetonio

Prefacio

Sobre caudillos y tumbas

Los asesinatos políticos son más frecuentes de lo que creemos. Aunque el acuchillamiento de Julio César es el más célebre de la historia, fue el recuerdo de las setas envenenadas que apagaron la vida del emperador Claudio lo que ponía intranquilos a los gobernantes de la Antigüedad y de la Edad Media. Los reyes seguían varios rituales para protegerse de las conspiraciones palaciegas, especialmente cuando se estaba en medio de una disputa de sucesión: un esclavo o un sirviente se encargaba de probar sus alimentos; como esto no podía hacerse cuando se brindaba con otros reyes, se acostumbraba chocar con fuerza las copas para que las bebidas saltaran de un recipiente a otro, de modo que no intentaran eliminarse entre ellos. Y, no obstante estas prevenciones, la historia registra numerosos gobernantes envenenados, principalmente por arsénico; de ahí que este compuesto sea conocido como el veneno de los reyes.

La historia de Hispanoamérica y del Perú también ha sido pródiga en magnicidios. En la época de la independencia, la opinión pública fue conmocionada por el asesinato, en las montañas de Berruecos, Colombia, del mariscal José Antonio de Sucre, el hombre que dirigió la batalla de Ayacucho, con la que el Perú selló su independencia, y quien fue luego presidente de Bolivia. El propio libertador Simón Bolívar fue objeto de numerosos atentados (se dice que veinte); el más célebre de ellos fue el asalto al Palacio de San Carlos, en Bogotá, del que pudo escapar por la ventana y refugiarse debajo de un puente gracias al aviso de su amante, Manuelita Sáenz. Aunque el envenenamiento no fue una práctica efectiva contra los caudillos, algunos confeccionaron ingeniosos instrumentos para prevenirlo. Gabriel García Márquez ha difundido la leyenda del general Maximiliano Hernández Martínez, el dictador de El Salvador, quien creyó haber inventado un péndulo que detectaba alimentos envenenados.[1] Sin embargo, Hernández no pudo evitar que, una vez derrocado, fuera apuñalado 17 veces en el comedor de su residencia en Guatemala por quien fue su chofer y hombre de confianza, Cipriano Morales.

La lista de asesinatos políticos en Hispanoamérica y el Perú podría ser interminable.[2] Este libro relata tres magnicidios célebres de la historia nacional, aunque también controvertidos, pues, como veremos en su momento, un velo de misterio ha cubierto la identidad de los autores intelectuales: el apuñalamiento del poderoso exministro de José de San Martín, Bernardo Monteagudo, en una oscura calle limeña, la noche del 28 de enero de 1825; el disparo por la espalda y muerte del primer presidente civil de nuestra historia republicana,

---

1. García Márquez 1982: 14.

2. Una lista de los asesinatos políticos en América Latina, en Sierra 2005; para los casos internacionales, véase González-Trevijano 2012, y Newton 2014.

Manuel Pardo, cuando ingresaba a la Cámara de Senadores, la tarde del 16 de noviembre de 1878; y los disparos a quemarropa contra el presidente Luis M. Sánchez Cerro, el 30 de abril de 1933, luego de abandonar el desfile de las tropas "movilizadas" en el antiguo hipódromo de Santa Beatriz, actual Campo de Marte.

Los asesinatos de Monteagudo, Pardo y Sánchez Cerro ejemplifican una forma extrema de hacer política: la eliminación física del adversario, a la que los historiadores le hemos conferido poca importancia. Debido a los cánones historiográficos, somos propensos a estudiar los hechos económicos, las instituciones políticas y los actores sociales, pero desestimamos acontecimientos que están más cerca del azar. ¿Cómo encajar el homicidio político en las narrativas de la historia peruana? Voy a escudarme en el adagio que señala que a veces el aporte de un libro consiste en plantear una pregunta o poner en evidencia un problema antes que en ofrecer una respuesta. Lo que sí puedo decir es que, con el magnicidio, el individuo o el grupo político pretendía variar las correlaciones de fuerza desfavorables de una situación determinada. Por supuesto que existen gradaciones. El asesinato de Monteagudo tuvo un carácter "preventivo", en el sentido de que sus enemigos buscaron evitar su retorno a las altas esferas del poder: su muerte ocurrió en el momento en que Bolívar, una vez asegurada la independencia, estaba armando su equipo de gobierno. Algo parecido sucedió con Manuel Pardo, quien había retornado de Chile en olor de multitudes, después de ser electo en el exilio senador y presidente de su Cámara. Era previsible que en las próximas elecciones fuera erigido presidente de la República; pero su asesinato frenó esa posibilidad. En cambio, la muerte de Sánchez Cerro es más típicamente un magnicidio, pues ejercía la Presidencia de la República cuando cayó víctima de las balas de su homicida. Su eliminación fue una manera de generar un vacío de poder, una situación de inestabilidad que permitiera mejorar la posición del Partido Aprista, que había sido muy golpeado por la represión sanchezcerrista.

Los casos que aquí se narran pueden ser leídos como una aproximación a la historia política del Perú republicano desde una terrible perspectiva: el asesinato del opositor político; la historia no es la misma si se la observa bajo la luz de los crímenes contra Monteagudo, Pardo y Sánchez Cerro. Pero también pueden leerse como relatos de las coyunturas en que vivieron nuestros personajes: el proceso de independencia, las vísperas de la guerra con Chile y las secuelas de la Gran Depresión de 1930. Aunque se trata de muertes oscurecidas por las pasiones y las controversias que despertaron en los actores contemporáneos, no anima a esta investigación zanjar quién o quiénes guiaron el arma de los asesinos de Monteagudo, Pardo y Sánchez Cerro, sino reconstruir el entramado político que hizo del homicidio un recurso de la política nacional. Estas historias están escritas a manera de relatos históricos, mas sin la tediosa jerga historiográfica con que a veces castigamos a nuestros lectores. Contienen, por supuesto, reflexiones sobre los personajes, las situaciones que afrontaron y los significados de sus muertes, pero en general he tratado de emplear una redacción sencilla y directa.

* * *

Este libro no habría sido posible sin el apoyo de instituciones, colegas y amigos que de diversas maneras colaboraron con esta nueva aventura editorial. En primer lugar, agradezco al Instituto de Estudios Peruanos, casa en la que he podido desarrollar mis investigaciones y aprender de mis colegas. También, al personal del archivo del Instituto Riva-Agüero, de la Sala de Investigaciones de la Biblioteca Nacional y del Fondo Reservado de la Biblioteca Central de la UNMSM, mi alma máter.

El núcleo editorial del IEP respaldó este proyecto, y deseo expresar mi gratitud a Natalia González, Mariana Eguren, Jorge Aragón, Ludwig Huber, Raúl H. Asensio y Tania Vásquez. A Odín del Pozo y Gino Becerra por la paciencia, el profesionalismo y la amabilidad con que realizaron la edición de este libro. Mi querida amiga y colega Madeleine Torres merece una mención especial: me ayudó a recopilar las fuentes históricas que sirvieron para reconstruir estos relatos y leyó el manuscrito corrigiendo imprecisiones y erratas. La historiadora Yenisa Guizado colaboró en seleccionar y rastrear las historias detrás de las imágenes que ilustran esta publicación. Raúl H. Asensio ayudó mucho en definir el concepto del libro, el tratamiento de los personajes y la presentación de los relatos.

Mi familia es el principal soporte anímico de mis proyectos académicos y personales: mi afecto y gratitud a mi madre Leonorda Rojas, mis hermanas Margot, Eveline y Tania, así como a mi hermano Jorge y mi cuñado Weber de Barros, quien siempre me ayuda a reducir los errores ortográficos. Sin ellos difícilmente podría haber terminado alguno de los libros que he escrito. Mis sobrinos Makito y Leandro me pidieron que los mencionara expresamente en los agradecimientos, y cumplo cariñosamente con ellos. Como es usual, el lector debe saber que soy el único responsable de las erratas y omisiones.

Bernardo José Monteagudo Cáceres (Tucumán, 1789-Lima, 1825).
Fuente: MNAAHP; *foto:* Gino Becerra.

Bernardo Monteagudo
El azar y la revolución

La noche que mataron a Bernardo Monteagudo, el poderoso exministro de José de San Martín y consejero de Simón Bolívar se dirigía al domicilio de su amante Juanita Salguero. Los enemigos de Monteagudo destacaron siempre sus orígenes africanos, y lo retrataron como un zambo. Sin embargo, todo su comportamiento era el de un criollo: vestía elegantemente, era educado, cortés y, como todo criollo que se respetara, tenía amantes entre las clases bajas de Lima. Quienes planificaron su asesinato conocían su rutina de visitas, lo oscuro de la calle Boza y la despreocupación con la que caminaba en aquellas ocasiones. Candelario Espinosa, el mulato que le asestó la puñalada, lo esperó en las proximidades de la plazuela de San Juan de Dios, actual plaza San Martín, y cuando lo tuvo suficientemente cerca, le enterró un enorme cuchillo de carnicero debajo de la tetilla izquierda. Dos testigos, el boticario Santos Peña y el médico Francisco Román, quienes jugaban una partida de naipes esa noche, afirmaron que escucharon el alarido de dolor y el golpe seco del cuerpo de Monteagudo chocando contra el piso. Era como las siete y treinta de la noche del 28 de enero de 1825. Monteagudo tenía 35 años de edad.

Los mencionados Peña y Román, intrigados por los ruidos, salieron a averiguar qué pasaba. Encontraron a Monteagudo en el suelo, con el mango del cuchillo sobresaliendo a la altura del corazón. Todavía respiraba, pero la herida era muy grave y expiró mientras lo trasladaban al convento de San Juan de Dios para brindarle auxilio médico. Según otra versión, pues la historia puede variar dependiendo del documento consultado, fue un religioso del convento quien tropezó en medio de la oscuridad con el cadáver de Monteagudo, y trató de socorrerlo junto con otros transeúntes circunstanciales.[1] Lo cierto es que nada pudieron hacer para evitar que se apagara la vida del exministro de San Martín y prócer de las independencias de Buenos Aires, Chile y Perú. La noticia del asesinato de Monteagudo se difundió rápidamente, y la ciudad se convirtió en un nido de especulaciones. Se descartó de inmediato el robo, pues Monteagudo fue encontrado con sus prendas de valor: un anillo de oro en el dedo anular de la mano izquierda, una cadena corta también de oro, un reloj inglés del mismo metal y un alfiler de corbata formado por un zafiro orlado de diamantes. En los bolsillos de los pantalones se le encontraron seis onzas de oro y varias monedas de plata.[2]

En los salones de la alta sociedad y en los corralones de la ciudad, la gente empezó a murmurar sobre el

---

1. Paz Soldán 1860.

2. De Vedia 1950, III: 207.

ministro Faustino Sánchez Carrión, el tenaz opositor de Monteagudo cuando este ejerció el poder en el protectorado de José de San Martín. Como suele ocurrir en estas ocasiones, muchos trajeron a la memoria señales y sucesos que anunciaban el asesinato de Monteagudo. El sastre Juan Dur y su oficial Luis Arredondo contaron haber encontrado, días antes de los hechos, un pasquín que decía "zambo Monteagudo [de] aquí no te quitas". Todos recordaban que cuando Monteagudo estaba en Guayaquil y planeaba retornar al Perú, el Congreso de la República aprobó un decreto el 6 de diciembre de 1822 que lo declaraba desprotegido por las leyes peruanas. Dicha norma, promovida por Sánchez Carrión, señalaba que el exministro de San Martín "quedaba perpetuamente extrañado de la República y fuera de la protección de la ley en el momento de tocar en cualquier parte del territorio".[3] Esto quería decir que si alguien atentaba contra la integridad de Monteagudo no podría ser acusado de delito alguno. Aunque Bolívar conocía esto, no derogó dicho decreto. Mariano Paz Soldán señala que fue una terrible omisión del Libertador, tal vez porque pensó que era suficiente que se supiera que estaba bajo su protección para que sus enemigos reprimieran sus deseos de actuar contra él. El general Lara fue uno de los varios que advirtió a Bolívar que la seguridad de Monteagudo en el Perú estaba amenazada. El día que este llegó al campamento de Bolívar, en Huanchaco, Lara le comentó: "Debo indicarle que al doctor Monteagudo se lo van a matar en Lima, entre

3. Paz Soldán 1860: 7.

las manos como a gallo, porque es muy aborrecido allí". A esto Bolívar respondió: "¡Ay de aquel que le tocase un pelo!".[4] Subestimó así el Libertador caraqueño a los enemigos de su consejero.

Otros recordaron que en *El Tribuno,* publicación en la que Sánchez Carrión era uno de los principales redactores, se incitó a dar muerte a Monteagudo cuando se supo que, incorporado a la corte de Bolívar, se disponía a ingresar al Perú: "Con razón está Monteagudo fuera de la ley, y sin responsabilidad cualquiera que acometa a su persona, cuando una imprudencia hasta hoy desconocida o su mala ventura lo conduzca á nuestras costas. Merece honores y premios en vez de suplicio por haber extirpado al más pestífero de los enemigos de Roma, decía Tulio por Milón, cuando éste mató a Clodio".[5]

Las especulaciones sobre la muerte de Monteagudo se complejizaron cuando las investigaciones ordenadas por Bolívar dieron con el autor material: el mencionado mulato Candelario Espinosa.

Y en efecto, cuando la noticia llegó a oídos de Bolívar, cerca de las nueve de la noche, ordenó de inmediato al colombiano Miguel Figueredo, en ese momento a cargo del Estado Mayor del Ejército, que iniciara una investigación sumaria, comenzando por detener e interrogar a los vecinos de los alrededores del lugar donde se encontró el cadáver. Ninguno llegó a ver a Candelario Espinosa ni a su cómplice Ramón Moreira,

---

4. De Vedia 1950, III: 198.

5. Palma 1906: 199.

Así se veía el féretro de Monteagudo cuando fue abierto en Lima en 1917 para trasladarlo a la Argentina, su país natal. *Fuente: La Gaceta* (Tucumán).

pero la identificación del asesino no fue complicada. Se observó que el cuchillo extraído del cuerpo de Monteagudo había sido recientemente afilado, y en la Lima de la época no eran muchas las barberías que se encargaran de esta tarea. Dos oficiales del Ejército recorrieron dichos negocios, hasta que dieron con el barbero Jenaro Rivera, quien reconoció el arma y declaró que dos días antes del asesinato un moreno se la había llevado para afilar a su tienda de la calle Valladolid. Rivera hizo una descripción detallada de Candelario Espinosa, y el jefe del Estado Mayor ordenó que los negros y mulatos de la ciudad se presentaran en su comandancia para recibir una boleta, mientras aquellos que para el día 30 no la tuvieran serían juzgados como criminales. Negros y mulatos desfilaron por un salón acondicionado para que el barbero Rivera identificara al asesino sin ser visto. Apenas pasó Candelario, lo reconoció e informó a los oficiales.

En los siguientes días la opinión pública urdió numerosas hipótesis sobre la mano que guió a Candelario Espinosa. Se supo que era un mulato nacido en Lima, de 19 años "no cumplidos", que había sido soldado en el ejército realista, se pasó al ejército de San Martín y sirvió en varios regimientos. Tenía la fama de cargar con un asesinato a cuestas, por lo cual se le había sentenciado a servir como soldado; luego de cumplir su condena, y sin oficio, se dedicaba al robo y a algunas labores eventuales. Como se adelantó, las sospechas de la autoría intelectual recayeron en el prócer de la independencia Faustino Sánchez Carrión, aunque las declaraciones que dio Candelario y el proceso que siguió echaron un velo de misterio sobre los autores intelectuales del crimen. Pero no nos adelantemos. Para comprender cabalmente los sucesos alrededor de la muerte de Monteagudo debemos retroceder en el tiempo y conocer más sobre la trayectoria pública de nuestro personaje, el papel que cumplió en el proceso de independencia y las rivalidades que forjó cuando fue ministro.

Los inicios de Monteagudo

Bernardo José Monteagudo llegó al mundo en la provincia de Tucumán, Argentina, probablemente el 20 de agosto de 1789. Durante décadas, varias ciudades se disputaron ser la cuna de este ideólogo de la independencia americana (Chuquisaca, La Paz, Quito, Córdova y Buenos Aires), pero el hallazgo del testamento de su padre resolvió este dilema a favor de Tucumán. Existen pocos detalles sobre su infancia. Sabemos que su progenitor fue el soldado español Miguel Monteagudo, un hombre al servicio del ejército del rey, quien tuvo poca fortuna, y tras realizar servicios en Montevideo se instaló en Tucumán, donde se desempeñó como agente comercial. Allí se casó con Catalina Cáceres, natural del lugar y de condición modesta, probablemente mestiza. En 1791 Miguel Monteagudo fue designado alcalde de un barrio de Potosí, y hacia allá viajó con la familia, pero renunció antes de cumplirse el año debido a lo poco lucrativo del cargo y retomó los viajes de negocios para sostener a la familia.

Por entonces Tucumán era una región célebre porque proveía de mulas y arrieros al Alto Perú para el transporte de la plata de Potosí y del mercurio de Huancavelica. Arrieros y comerciantes de Tucumán viajaban constantemente al virreinato peruano, y es muy probable que en su niñez Monteagudo haya escuchado historias sobre las riquezas del Perú. Juan Pablo Echagüe, uno de sus biógrafos más entusiastas, se imagina la infancia de Monteagudo entre los vaivenes de la precariedad económica y sorteando los prejuicios de sus compañeros de juego debido a las señales mestizas de sus facciones.[6] La niñez de Monteagudo fue, en efecto, difícil: sus diez hermanos murieron de enfermedades y epidemias incontrolables en la época. Monteagudo fue un sobreviviente. La solvencia familiar no alcanzaba para una educación refinada, por lo que su madre lo encargó al cura José Antonio Medina, primo de Monteagudo y mayor que él por 15 años, para que lo instruyera en las primeras letras. Medina, natural de Tucumán, era doctor en teología y profesaba ideas republicanas. Luego de tener a Monteagudo como aprendiz, fue su guía en su destacado paso por la universidad de Chuquisaca.

Por los tiempos en que Monteagudo asistió a la universidad, en los claustros se respiraban ideas liberales, y la Revolución francesa inquietaba la imaginación de los estudiantes. Aunque la represión cultural era severa, los jóvenes criollos se agenciaban para difundir las noticias de la independencia de los Estados Unidos y debatir sobre las doctrinas constitucionales. La universidad dio así a la región una élite de profesionales y abogados reformistas conocidos poco después como los "doctores de Charcas", debido al protagonismo que cumplieron en el movimiento revolucionario de mayo de 1809. Monteagudo fue un estudiante disciplinado, y, como muchos jóvenes de la época, pensó en la abogacía como una forma de hacerse de una posición en la sociedad. Sin embargo, en la universidad la política y las doctrinas liberales lo ganaron, convirtiéndose estas en el impulso de su vida. Se graduó con la tesis "El origen de la sociedad y el medio de su mantenimiento",

6. Echagüe 1942.

sustentada en junio de 1808 y dedicada a su protector, el oidor de la Audiencia de Charcas, José Agustín Usoz y Mozi. Meses después, en septiembre, le fue otorgado el título de doctor en leyes. Monteagudo tenía 19 años y la secreta aspiración de contribuir a la libertad de la América española.

El talante sedicioso de Monteagudo y de sus contemporáneos fue estimulado por la invasión inglesa del virreinato del Río de la Plata. Era junio de 1806 cuando fuerzas de la Armada británica invadieron Buenos Aires, y se produjo la penosa huida del virrey Rafael de Sobremonte junto con el pequeño ejército de la ciudad. La opinión pública se enardeció con el rumor de que el virrey había huido con el tesoro de la Real Hacienda, y aunque se supo que esta medida estaba prevista ante la ocupación de una fuerza extranjera, el ánimo levantisco no se apaciguó. Algunos grupos de criollos y españoles aceptaron el gobierno británico que se instaló en Buenos Aires, pero la mayoría se manifestó en contra y se dispuso a conspirar. Una anécdota permite calibrar el ánimo popular. Al ser preguntado Manuel Belgrano, futuro director supremo de las Provincias Unidas de la Plata, sobre su posición frente a los británicos, pronunció la célebre frase: "Queremos al antiguo amo o ninguno". La recuperación de Buenos Aires poco después fue obra de los criollos y españoles que se replegaron en las provincias cercanas y organizaron milicias rurales para expulsar a los británicos, mientras un contingente de milicianos llegó de Tucumán para apoyar el asalto de la capital. La derrota de las tropas británicas envalentonó a las élites locales, que desconocieron al virrey Sobremonte y nombraron como gobernador de la ciudad al francés Santiago de Liniers, uno de los líderes de las milicias. En la práctica, los criollos de Buenos Aires ejercieron el autogobierno, y, dadas las circunstancias, meses después Liniers fue confirmado como virrey por la Corona española. La victoria sobre los británicos hizo conscientes a los criollos de sus propias fuerzas y alimentó las aspiraciones de autonomía, según señaló el historiador John Lynch.

La generación de Monteagudo, que habría de presenciar el desmoronamiento del poder español en Hispanoamérica y participar del nacimiento de los Estados nacionales, vio su oportunidad cuando llegaron las noticias de la invasión francesa de España y la consecuente abdicación del Fernando VII a la Corona española a favor de José Bonaparte. La imagen que se trasmitió de la situación en la Península fue prácticamente de autogobierno del pueblo, pues los motines populares contra los franceses dieron lugar a la formación de juntas provinciales y de la Junta Suprema que asumió el gobierno de los territorios bajo su control.

En América, la situación también se tornó crítica: la legalidad de las autoridades virreinales provenía de su nombramiento real, y, con la renuncia de Fernando VII al trono, dichas autoridades se vieron carentes de legitimidad. Los criollos de Buenos Aires, Chile, La Paz y otras ciudades, con el pretexto de prepararse ante una invasión francesa, empezaron a demandar que se crearan juntas de gobierno tal como existían en España. En Chuquisaca, mientras los acontecimientos se precipitaban a partir del 25 de mayo de 1809, el joven Monteagudo, designado Defensor de Pobres de la Audiencia, jugó un papel destacado. La asonada de Chuquisaca se inició como una protesta popular contra el arresto de los oidores de la Audiencia que se oponían a su presidente Ramón García Pizarro, y terminó en un movimiento político que demandó su dimisión. La ciudad cayó bajo control de los amotinados y García Pizarro fue arrestado; los otros miembros de la Audiencia asumieron el gobierno de la provincia con el título de Real Audiencia Gobernadora. Aunque el movimiento no se declaró abiertamente independentista, anunciaba los grandes acontecimientos que iban a precipitarse poco después.

El revolucionario de Chuquisaca

Cuando estalló el levantamiento de Chuquisaca, Monteagudo, con vínculos entre los cabecillas y de casi veinte años, fue nombrado subteniente segundo con la misión de organizar el sistema de correos, cuyas tareas asumió personalmente en algunas ocasiones. Era el inicio de una vida revolucionaria y azarosa: "Desde aquel día vivo gratuitamente: una vez condenado a muerte y otras próximo a encontrarla", escribió en sus memorias.[7] Los rebeldes de Chuquisaca se propusieron propagar el movimiento y enviaron misiones hacia el Alto Perú, actual Bolivia. Una de ellas llegó a La Paz en los primeros días de junio y participó en las reuniones secretas que desembocaron en una revuelta popular que se concentró en la Plaza Mayor para exigir un cabildo abierto. De ese movimiento nació la Junta Tuitiva, cuya creación parecía que desencadenaba la revolución: la

7. Monteagudo 1823: 3.

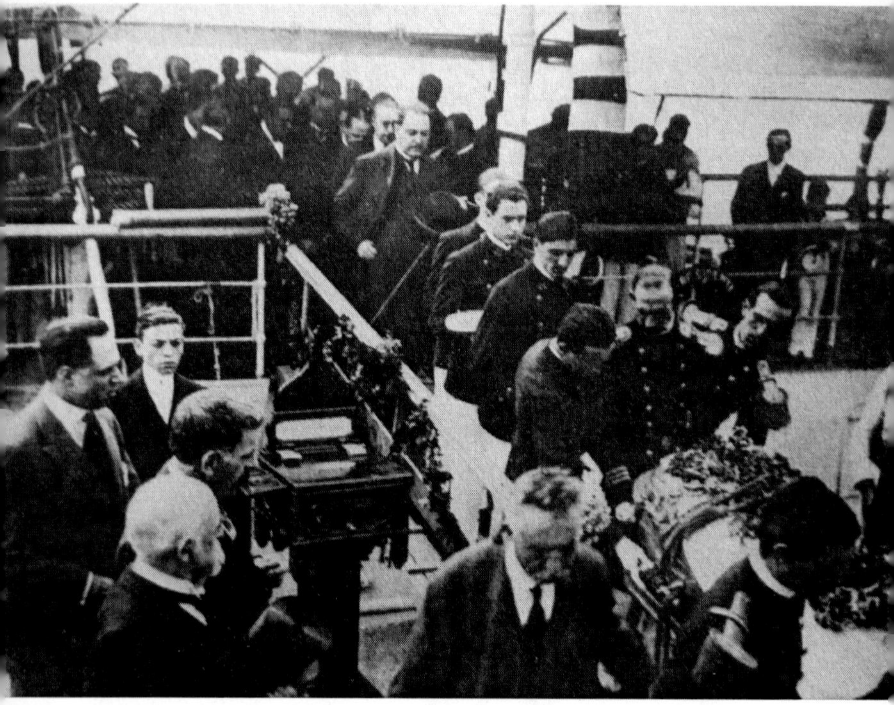

Recepción de los restos de Monteagudo en Buenos Aires.
Bajando de la fragata *Sarmiento*. Presidente Yrigoyen seguido del ministro del Interior, doctor Ramón Gómez, y del Ministro de Relaciones Exteriores y Culto, doctor Honorio J. Pueyrredón
Fuente: De Vedia 1950.

Junta lanzó una proclama radical, envió delegados a las villas y pueblos de la intendencia y formó un ejército para defender la ciudad. Monteagudo llegó a tener contacto con los rebeldes paceños, y se sabe que solicitó incorporarse al movimiento. Sin embargo, como la vida de la Junta fue breve, no llegó a concretar este paso. Una expedición realista enviada por el virrey del Perú

Fernando de Abascal derrotó cruentamente a los rebeldes el 25 de octubre. La superioridad de los realistas en armas y hombres era grande, y realizaron una terrible masacre para tomar la ciudad; luego, a modo de escarmiento, ejecutaron a los líderes capturados.

Monteagudo era conocido por sus ideas revolucionarias y particularmente por ser el autor de un manuscrito que circuló clandestinamente: *Diálogo de Atahualpa y Fernando VII en los Campos Elíseos*, en el cual se criticaba la legitimidad del dominio español en América. En el *Diálogo*, Monteagudo contrastó la usurpación francesa del reino de Fernando VII con la realizada por los españoles a Atahualpa. Si la resistencia del pueblo español a la ocupación francesa era justa, entonces eran justas también las acciones revolucionarias en América. La autoría del documento calificaba como una actividad subversiva, y de haber sido descubierto le caería a Monteagudo el cargo de rebelión contra el rey. La sentencia en estos casos variaba desde el destierro a la pena capital. Simbólicamente, fue como romper lanzas con el orden colonial. Nacía así un revolucionario.

Mientras tanto, en Buenos Aires se nombró a un nuevo presidente de la Audiencia de Charcas, quien marchó a aplacar el movimiento de Chuquisaca. Los rebeldes, advertidos y desmoralizados por los sucesos de La Paz, decidieron entregar pacíficamente la ciudad en diciembre de 1809. Aunque no hubo una represión sangrienta, se produjeron arrestos y se abrieron procesos por sedición, entre ellos a Monteagudo, quien fue recluido en la cárcel de la Corte de Chuquisaca. Poco después se produjo en Buenos Aires la revolución del 25 de mayo y el escenario político cambió a favor de los revolucionarios: el virrey fue depuesto y el cabildo de la ciudad eligió una Junta de Gobierno. Luego la Junta envió una expedición militar, al mando de Juan José Castelli, al Alto Perú, región estratégica por la plata de Potosí y sus antecedentes revolucionarios. Monteagudo, enterado de que Castelli se acercaba a Chuquisaca, escapó de la cárcel y se incorporó a su expedición, de la que fue nombrado secretario auxiliar del ejército. Este fue el punto de no retorno para Monteagudo. La asonada de Chuquisaca había sido básicamente un motín popular, sin repercusiones militares; pero al enrolarse en la expedición de Castelli, Monteagudo ingresaba a las "guerras de independencia" que habrían de transformar a la América española, y de las cuales nacerían los libertadores José de San Martín, Simón Bolívar y José Antonio de Sucre.

Monteagudo fue parte de la desastrosa derrota en Huaqui en junio de 1811, cerca del río Desaguadero, en la que Castelli prácticamente perdió a su ejército ante las fuerzas realistas. El Perú era por entonces un fortín contrarrevolucionario, pues de él partían las expediciones para reprimir a los insurgentes del Alto Perú, Chile y de las Provincias Unidas del Río de la Plata. Después de la derrota, Castelli y Monteagudo junto con los restos del ejército se replegaron a Chuquisaca. Entonces, la Junta de Gobierno ordenó el arresto de Castelli para someterlo a juicio, mientras el propio Monteagudo fue recluido en Tucumán por varias semanas. Por una carta del 6 de octubre se sabe que Monteagudo solicitó su libertad, pero para entonces la Junta había sido derrocada y reemplazada por un Triunvirato. Dicho Triunvirato, también de corta duración, ordenó su libertad y que se le indemnizara por los perjuicios sufridos. Monteagudo viajó a Buenos Aires, en ese momento el centro revolucionario de América del Sur, desde donde se "exportaba" la revolución a Chile, a la Audiencia de Charcas y al sur peruano. Allí Monteagudo habría de desempeñar un papel protagónico.

Monteagudo en Buenos Aires

En esta imporante provincia, Monteagudo tuvo sus primeros desengaños políticos. Será testigo de las luchas fratricidas y de la anarquía política en que derivó el gobierno de Buenos Aires, de las conspiraciones, fusilamientos, destierros y prisiones con que se enfrentaron los criollos. Él mismo, como veremos en su momento, marchará al exilio y pasará temporadas en prisión. Monteagudo y otros líderes de la revolución vieron en las elecciones el origen de las luchas fratricidas: los bandos que se formaban para competir por el poder no se desactivaban después del acto electoral, sino que trabajaban para derrocar al Gobierno y hacerse de él. Gradualmente, su pensamiento irá inclinándose a favor de la monarquía constitucional como forma de gobierno más eficiente que la república, con el fin de asegurar la estabilidad política de las naciones independientes. La monarquía constitucional evitaba las disputas por la jefatura del Estado y una asamblea legislativa limitaba el poder del rey. Pero no nos engañemos. Monteagudo siguió creyendo firmemente en la independencia, y no variará su odio a los españoles. Ahora bien, la aprensión de Monteagudo y de sus contemporáneos sobre la anarquía tenía mucho de impotencia, pues esta ocurría cuando la independencia no estaba asegurada y el enemigo acechaba en las puertas de Buenos Aires. El ejército realista seguía controlando el Alto Perú; la expedición enviada por el virreinato del Perú llegó a ocupar Jujuy, Salta y casi tomó Tucumán, la Banda Oriental (actual Uruguay) estaba en manos de los españoles y en algún momento tropas del Brasil se posicionaron en las afueras de Montevideo, amenazando con cruzar el Río de la Plata y capturar Buenos Aires.

Mariano Vedia y Mitre, su biógrafo más sistemático, señala que el 1 de diciembre de 1811 Monteagudo presenció la juramentación del Estatuto Provisional dado por el Triunvirato, ceremonia que se realizó en la Plaza Mayor. Días después Monteagudo apareció como redactor de la *Gazeta de Buenos Aires,* medio fundado para publicitar los actos de gobierno. Empieza así su labor de hombre de prensa y difusor de las doctrinas revolucionarias. Monteagudo fue un prolífico autor de ensayos y artículos. De esta etapa destaca su texto "A las americanas del Sud", en el que invoca a las mujeres a asumir y promover los ideales de la libertad: "Si las madres y esposas hicieran estudio de inspirar a sus hijos, maridos y domésticos estos nobles sentimientos [...] ¿qué progresos no haría nuestro sistema?".[8] Su paso por la *Gazeta* fue breve, pero lo vinculó para siempre con el mundo de la prensa y con el ejercicio de la propaganda ideológica. Monteagudo nunca dejaría de escribir, editar o promover periódicos de divulgación política.

Monteagudo fundó el 17 de enero de 1812 la Sociedad Patriótica y Literaria, institución que empezó

---

8. Citado en De Vedia 1950: 169.

a funcionar en la casa del Consulado, y se convirtió en un espacio de debate de las doctrinas liberales. En ella Monteagudo se desenvolvió como uno de sus principales oradores y expuso sus ideas sobre la forma de gobierno para las Provincias Unidas. Aunque inicialmente la Sociedad contó con la complacencia del Gobierno, Monteagudo se fue distanciando de él cuando opinó que no debía retrasarse la convocatoria a la Asamblea de Representantes. Las autoridades no deseaban elecciones, y actuaron sin rodeos: comisionaron al intendente de Policía para que supervise los temas que se trataban en la Sociedad y suprimieron el apoyo oficial a la *Gazeta*. El periódico dejó de publicarse, pero casi inmediatamente Monteagudo editó uno nuevo: *Martir o Libre*, donde retomó su labor de ideólogo y panfletario. Sin embargo, la publicación cerró dos meses después por problemas financieros, con un célebre documento escrito por Monteagudo en conmemoración de un aniversario más de la revolución: "Ensayo sobre la revolución del Río de la Plata desde el 25 de mayo de 1809", en el que hace un balance descarnado y analiza el sentido del movimiento patriota.

Poco después se descubrió la "conspiración española", liderada por Martín de Alzaga, quien fue arrestado y sometido a juicio sumario. El Gobierno nombró a Antonio Cliclana como juez comisionado y un tribunal compuesto por cuatro magistrados, entre ellos Monteagudo. Aunque algunos historiadores dudan de la veracidad de la conspiración, el historiador Bartolomé Mitre señala que el plan de los conspiradores consistía en aprovechar que la ciudad estaba escasamente resguardada para llevar a cabo un motín que sería seguido por la invasión del ejército brasileño en una suerte de alianza portuguesa-española. El juicio de los conspirados significó el retorno de Monteagudo al ámbito de lo oficial, pues su actuación en la Sociedad Patriótica lo había alejado del Gobierno. La tarea de los comisionados consistió en formar y elevar informes sumarios, pero el Gobierno retuvo la facultad de emitir la sentencia: Alzaga y una treintena de españoles civiles y militares fueron condenados a la pena capital. Para un sector de historiadores, el proceso y el papel que cumplió Monteagudo fue por lo menos controvertido: se desempeñó como el instrumento para llevar a cabo una injusticia y sostener una mentira. No lo sabemos con certeza, pero sí podemos señalar aquí un rasgo de su personalidad que en el Perú le generaría muchos odios: la determinación de eliminar a los enemigos políticos para que prevalezca la independencia. Monteagudo fue un convencido ejecutor de la "razón de Estado".

Finalmente, se convocó a la Asamblea de Representantes para el 6 de octubre; pero Monteagudo, quien obtuvo la representación del cabildo de Mendoza sin ser natural de él ni haber estado nunca en dicha provincia, fue impedido de ejercerla. No fue el único caso en que el Gobierno tomó medidas para lograr el control de la Asamblea, aunque sí el más resaltante. Contra una Asamblea controlada, se levantó el 8 de octubre un motín popular que contó con la complacencia de los mandos del ejército, entre ellos José de San Martín, quien había llegado poco antes a Buenos Aires y con quien Monteagudo estableció amistad en la Sociedad Patriótica. Una reunión del cabildo disolvió la Asamblea y eligió un nuevo gobierno. Al día

Urna que contiene las cenizas de Bernardo Monteagudo.
En 2016 fue trasladada de La Recoleta de Buenos Aires al cementerio del Oeste de Tucumán. *Fuente: La Gaceta* (Tucumán).

siguiente, la Sociedad Patriótica debatió sobre la necesidad de aprobar una Constitución permanente en lugar de provisional, como estipulaba la convocatoria. Ese día Monteagudo fue electo secretario de la Sociedad, y días después su presidente, elevándose así su figura e influencia en la opinión pública. El Gobierno le solicitó luego, en calidad de su cargo, una propuesta de proyecto de Constitución, tarea que cumplió prolijamente y en la cual apareció su sugerencia de centralizar el poder en una sola persona, en lugar de juntas o triunviratos, para evitar la inestabilidad. La Asamblea que se instaló en enero de 1813 tuvo a Monteagudo como uno de sus miembros gracias a que el cabildo de Mendoza lo volvió a elegir como su representante.

El tribuno de la revolución

La etapa del Monteagudo diputado fue intensa. Al mismo tiempo que su labor en el Congreso, dirigió *El Redactor de la Asamblea,* órgano de difusión de los debates y acuerdos del Parlamento. Sin embargo, una nueva controversia en su vida se produjo cuando planteó que la Asamblea, ante el pronunciamiento de los criollos de Montevideo por la autonomía frente a Buenos Aires, se declarara en receso para evitar interferir con las tareas del Ejecutivo. La moción fue aprobada, y en su lugar funcionó una comisión permanente de diputados, integrada entre otros por Monteagudo, la que podía convocar a la Asamblea cuando la situación lo requiriese. Esta fue una mera señal del giro que fue experimentando Monteagudo y otros líderes del Río de la Plata con relación al régimen republicano: la preferencia del orden sobre el funcionamiento de las instituciones o la representación política. Al año siguiente, en enero de 1814, apenas empezó a sesionar la comisión permanente, llegó una nota del Gobierno para solicitar el nombramiento de un director supremo que concentrara las funciones del Estado. En el debate respectivo, Monteagudo defendió la designación de dicho director, posición que finalmente prevaleció. Las deliberaciones para su nombramiento recayeron en Gervasio Posadas. Sin embargo, la elección de un director supremo no detuvo las conspiraciones, y Posadas cayó en diciembre pese al respaldo de la Asamblea y de Monteagudo.

Un nuevo levantamiento militar encumbró en el gobierno a Ignacio Álvarez Thomas, general nacido en Arequipa, quien llevó a cabo una persecución sobre sus opositores políticos, incluido Monteagudo, cuyos bienes fueron embargados y él sometido a una "comisión de justicia" que lo encontró culpable del "delito de facción" y ordenó su destierro a "destinos ultramarinos de la Europa".[9] Antes de conocer su sentencia, Monteagudo, temiendo por su vida, escapó del barco en que estaba recluido y se refugió en el Brasil. De allí viajó a Londres, ciudad en la que permaneció hasta mediados de 1816, cuando se trasladó a París, donde fue testigo del restablecimiento del poder monárquico. La precariedad económica asoló a Monteagudo, aunque por un tiempo su amigo, el exministro de Hacienda Juan Larrea también deportado, lo hospedó en su residencia de Burdeos. En enero de 1817, Monteagudo le escribió a Bernardino Rivadavia, comisionado diplomático del Gobierno de Buenos Aires en Europa, con la vana esperanza de ponerse a su servicio. En agosto, la situación de Monteagudo se hizo insostenible: los bienes de Larrea en Buenos Aires fueron confiscados, y este ya no pudo ayudarlo. Entonces, el revolucionario tucumano le comunicó a Rivadavia que, pese a no contar con la aprobación del Gobierno, viajaría a Buenos Aires a bordo de la fragata *L'Enterprise.* Sin embargo, una vez frente al puerto, la embarcación naufragó y Monteagudo tuvo que salvarse a nado; en tierra, fue arrestado y confinado en el cuartel de artillería. Aunque era considerado un hombre peligroso, se decretó su libertad el 6 de noviembre de 1817 a cambio de que permanezca en la provincia de Mendoza, una suerte de prisión al aire libre donde estaban concentrados otros criollos y españoles en su condición.

---

9. De Vedia 1950, II: 65.

En Mendoza, Monteagudo observó la formación del Ejército de los Andes, por obra de San Martín, para liberar a Chile y Perú; así, decidió participar de la empresa libertadora, aunque por el momento no pudo incorporarse a ella por su condición de recluso. Las varias derrotas del ejército platense en el Alto Perú convencieron a San Martín de que era más factible exportar la revolución cruzando los Andes para liberar Chile y romper con el aislamiento de las Provincias Unidas. Además, un Chile independiente funcionaría como un tapón contra posibles expediciones realistas enviadas por el virreinato peruano. El plan último de San Martín consistía en una expedición al Perú para acabar con aquel fortín realista, cuya existencia siempre pondría en peligro la revolución en América del Sur. En Mendoza estaban Bernardo O'Higgins, con quien Monteagudo estableció una especial relación de amistad, y otros exiliados chilenos que colaboraron con San Martín en la planificación del célebre "cruce de los Andes". En enero de 1817, después de tres años de tediosa preparación y de vencer numerosos obstáculos financieros, San Martín y cerca de cuatro mil soldados se pusieron en marcha. Una extensa caravana de caballos y mulas, cargada de pertrechos, alimentos y enseres, escaló los Andes y se introdujo en territorios de la capitanía de Chile.

En Chile rumbo al Perú

El ejército de San Martín tuvo su primera victoria en Chacabuco, donde capturaron seiscientos prisioneros y se recogieron mil fusiles. Cuando la noticia llegó

Monumento en honor a Bernardo Monteagudo, en la plaza 25 de mayo, en Sucre, Bolivia. *Fuente: La Gaceta* (Tucumán).

a Santiago, los realistas y la población civil huyeron a Valparaíso para embarcarse a Lima, de modo que San Martín ocupó pacíficamente la ciudad y convocó a una asamblea de vecinos para que designase un gobernante. Él fue elegido, pero rechazó el nombramiento, y en una nueva elección se proclamó a Bernardo O'Higgins como director supremo. Aunque existían restos del ejército realista refugiados en Talcahuano, San Martín nunca abandonó su plan de dirigirse al Perú. Escribió así numerosas cartas al Gobierno de Buenos Aires para que, de acuerdo con los compromisos contraídos, financiara su expedición. Ante las dilaciones de las respuestas, viajó a Buenos Aires con la esperanza de convencer a Juan Martín Pueyrredón, el gobernante de turno. Sin embargo, regresó frustrado tras la respuesta de Pueyrredón de que carecía de fondos y que correspondía a Chile subvencionar la armada que solicitaba para bloquear el Callao.

Por su parte, Monteagudo se evadió de Mendoza y cruzó los Andes para incorporarse a la campaña libertadora, poniéndose al servicio de O'Higgins en calidad de auditor de guerra del ejército chileno. Aunque Pueyrredón protestó por el viaje de Monteagudo y demandó a San Martín que lo devolviera a Mendoza, el tucumano permaneció en territorio chileno, y fue el redactor principal del acta de independencia de Chile, jurada el 12 de febrero de 1818. Poco después llegó una expedición militar, enviada por el virrey del Perú, y en marzo se produjo la batalla de Cancha Rayada. Desafortunadamente, San Martín fue sorprendido y sus hombres dispersados en medio del pánico, aunque una división de tres mil soldados pudo salvarse. Las noticias del desastre de Cancha Rayada llegaron a Santiago, ocasionando el abatimiento de la población. Los rumores señalaban que O'Higgins estaba herido y que San Martín había vuelto a cruzar los Andes. Caravanas de familias desmoralizadas tomaron camino a Mendoza para evitar represalias de los españoles. Monteagudo, quien en la confusión había logrado llegar a Santiago, fue uno de los que se sumaron a las caravanas, y aunque a mitad del trayecto le llegó la noticia del triunfo de San Martín en Maipú, continuó su travesía.

En Mendoza, Monteagudo fue comisionado para juzgar a los hermanos Carrera. Estos eran unos militares díscolos, conspiradores asiduos del Gobierno en Chile, que llegaron a Mendoza como refugiados políticos, pero luego se involucraron en la política local y fueron encarcelados por delitos de sedición, pues apoyaron una conspiración contra Pueyrredón con la esperanza de recibir favores para retornar a Chile y derrocar a O'Higgins. Allí estaban cuando se les abrió un nuevo proceso, esta vez por planificar la toma del cuartel para apoderarse del gobierno de la provincia. Aunque lograron evadirse de sus celdas, fueron delatados y capturados. Fue en estas circunstancias que llegó Monteagudo y fue nombrado miembro de la comisión que los juzgó. La comisión emitió su dictamen: declaró que los Carrera eran culpables de conjura contra el orden y la tranquilidad pública, y los sentenció a la pena capital. Los Carrera fueron ejecutados el 8 abril de 1818. Al respecto, la participación de Monteagudo en su juicio es otro pasaje oscuro en la biografía de nuestro personaje. Se llegó a decir que Monteagudo viajó a Mendoza con la misión expresa de dictar las ejecuciones de los Carrera, ya que estos militares ambiciosos eran una amenaza para O'Higgins. Sea como fuere, el hecho reafirmó una característica de su generación: la eliminación física del opositor político.

Luego de este episodio, Monteagudo retornó a Chile para reasumir sus funciones de auditor de guerra del ejército chileno. Sin embargo, en octubre, por razones nunca aclaradas, O'Higgins lo envió a Mendoza para ponerse a disposición del gobernador. Fue así conducido al pueblo de San Luis, actual provincia del mismo nombre, que servía de reclusorio para oficiales españoles. Estando en San Luis estalló un motín español cuyo plan consistía en tomar el cuartel, hacerse de las armas y unirse al ejército realista. La revuelta fue rápidamente sofocada, y muchos de los oficiales fueron masacrados por los soldados patriotas. El gobernador Vicente Dupuy encargó a Monteagudo una investigación sumaria para descubrir a otros involucrados. El tucumano escribió su informe y, poco después, dictó sentencias: según los casos, a pena capital, cadena perpetua y absoluciones. Las ejecuciones se realizaron el 15 de febrero de 1819. Nuevamente Monteagudo cumplió el papel de juez implacable para terminar con cualquier factor de trastorno político y cercenar, así sea apelando a la arbitrariedad y el autoritarismo, cualquier peligro que pusiera en riesgo la causa de la libertad de América.

Poco después San Martín estuvo de paso por San Luis, se entrevistó con Monteagudo y lo incorporó al Ejército Libertador. Los primeros días de enero de 1820 volvieron a cruzar los Andes, y Monteagudo recibió la tarea de publicar *El Censor de la Revolución*, periódico que era introducido al Perú como propaganda ideológica con el fin de anunciar a los peruanos su expedición libertadora. En *El Censor,* Monteagudo vuelve a plantear la necesidad de un gobierno fuerte y centralizado que contrarreste las tendencias facciosas. Para entonces, San Martín y Monteagudo habían adoptado secretamente la idea de instaurar una monarquía constitucional en el Perú, no solo por la estabilidad que tal régimen podía aportar, sino también porque las élites peruanas no habían demostrado un gran espíritu revolucionario: el único esfuerzo importante era el del Cusco, cuya rebelión de 1814-1815 fue duramente castigada. El Ejército Libertador partió del puerto de Valparaíso y desembarcó en la bahía de Paracas el 7 de septiembre; Monteagudo retomó su labor propagandística con el *Boletín del Ejército,* íntegramente redactado por él e impreso en Pisco.

La presencia del Ejército Libertador cerca de Lima provocó la primera defección del bando realista: el 4 de diciembre el batallón Numancia se incorporó a las filas patriotas. Esta deserción animó a los hombres de San Martín y pareció confirmar la estrategia de evitar enfrentamientos abiertos, pues el Ejército Libertador operaría como una fuerza de atracción de militares y civiles proclives a la independencia. La proclamación de la independencia de Trujillo encabezada por el marqués de Torre-Tagle fue otro golpe de fortuna para San Martín, ya que se trataba de la intendencia más grande del Perú liberada sin disparar una bala. Por su parte, Monteagudo empezó a introducir planteamientos monárquicos en *El Pacificador del Perú,* en cuya edición del 30 de mayo de 1821 aparece un "remitido" en el que por primera vez se alude a la fórmula de la monarquía constitucional como una manera de evitar el caos político que acontecía en el Río de la Plata. El asedio que realizó el Ejército Libertador sobre Lima, cortando sus vías de abastecimiento, rindió frutos. Así, a inicios de julio, el virrey La Serna y el ejército realista abandonaron Lima. San Martín ocupó pacíficamente la excapital del virreinato peruano, proclamó la independencia en la Plaza Mayor y días después se declaró Protector del Perú. Monteagudo sería entonces el ideólogo y operador más apasionado en la promoción del régimen monárquico en Lima, lo que lo convirtió en blanco del rencor de los liberales republicanos.

En el gobierno del Perú

Monteagudo alcanzó en el Perú la cúspide de su carrera política. Cuando San Martín se proclamó Protector del Perú lo designó ministro de Guerra y Marina, cargo que desempeñó hasta enero de 1822, cuando asumió la cartera de Estado y Relaciones Exteriores; según sus propias palabras, la época de su "mayor responsabilidad". El poder que obtuvo el abogado tucumano se explica por la enfermedad de San Martín y por su apatía en relación con el poder. San Martín estuvo postrado en cama buena parte del tiempo en que residió en el Perú debido a una enfermedad pulmonar que lo obligaba a consumir opio para calmar sus dolores. Delegó por ello las funciones administrativas en sus hombres de confianza, particularmente en Monteagudo. Por otro lado, el Protector sentía aversión por las "tareas del gabinete", y se definía más como un "hombre de guerra". Diversos testimonios señalan que fue casi obligado por sus oficiales a asumir el gobierno del Perú. En sus memorias, Monteagudo anotó: "Los jefes del ejército saben que cuando llegamos a Pisco, todos exigimos de él el sacrificio de ponerse a la cabeza de la administración si ocupábamos Lima, porque creíamos que éste era el medio de asegurar el éxito de las empresas militares: él se decidió a ello con repugnancia y siempre por un tiempo limitado".[10]

Tal vez exageraba, pero comparado con Bolívar, San Martín no era un hombre obsesionado por el poder.

En cambio, Monteagudo sí se movía con comodidad en la esfera gubernamental: según varios testimonios tenía una gran capacidad de trabajo y pasaba largas horas en Palacio de Gobierno cumpliendo tareas ejecutivas. La mayoría de los decretos que se emitieron durante el Protectorado, si bien están firmados por el marqués de Torre-Tagle como supremo delegado, llevan la anotación "por orden de Bernardo Monteagudo". Fue pues Monteagudo la manija política del Protectorado, el hombre que tiraba de los hilos del poder y sobre quien iba a recaer el ataque de los opositores al régimen. Los diplomáticos y viajeros que llegaban a Lima buscaban entrevistarse con él, pues se le reconocía como el hombre más influyente del momento. El viajero escocés Basil Hall, quien lo visitó a su paso por el Perú, señaló: "Él era notoriamente el resorte principal de todo el Gobierno".[11]

---

10. Monteagudo 1823: 11.

11. Hall 1971: 263.

La figura del Protectorado le permitió a San Martín centralizar el poder y evitar las disputas políticas que, como vimos, presenció en las Provincias Unidas, y cuya terrible experiencia lo inclinó a favor de la monarquía constitucional. En el Perú, el principal defensor del proyecto monárquico fue Monteagudo, quien como presidente de la Sociedad Patriótica de Lima buscó difundir esta idea entre la opinión pública. La Sociedad funcionó como un foro de debate político en parte para mitigar la ausencia de un Congreso. En la primera sesión, Monteagudo propuso un certamen de ensayos a realizarse en marzo de 1822, en el cual los participantes debían reflexionar y responder a la pregunta: "¿Cuál es la forma de gobierno más adaptable al Estado peruano, según su extensión, población, costumbres y grado que ocupa en la escala de la civilización?". Aunque la experiencia despertó suspicacias por sus posibles alcances vinculantes, Monteagudo declaró que se trataba de un debate meramente académico. Como era previsible, las deliberaciones giraron alrededor de la monarquía y la república.

El cura José Ignacio Moreno fue el encargado de defender la posición monárquica. Su argumento señaló que debido a que los hábitos y costumbres de los peruanos estaban tan marcados por la monarquía, el Perú no estaba preparado para un régimen republicano. Además, afirmaba, la democracia era un sistema adecuado para territorios pequeños, no para el Perú, que por su vastedad no permitiría que los habitantes de los lugares alejados pudieran ejercer sus derechos ciudadanos. Por la posición republicana hablaron Mariano Pérez de Tudela y Mariano José de Arce. El primero argumentó que los hombres nacen libres, que la esencia de la libertad consiste en la igualdad ante la ley, y que esto solo lo garantizaba un régimen republicano. Arce, por su parte, criticó el discurso monárquico de Moreno señalando que se trataba de una propuesta desfasada, digna de un hombre de la época del reinado de Luis XIV, y concluyó afirmando que la democracia no era incompatible con los territorios extensos, por lo que citó como ejemplo a los Estados Unidos. Llegó además una carta enviada por Faustino Sánchez Carrión con el seudónimo de "El Solitario de Sayán", pero Monteagudo vetó su lectura luego de considerar inapropiado que se debatieran planteamientos anónimos. Sánchez Carrión nunca aclaró por qué no firmó su carta, pero poco después se reveló como el principal opositor al proyecto monárquico y en particular de Monteagudo. Este certamen fue la primera desavenencia que marcó la relación entre ambos personajes.

Monteagudo no tuvo el éxito que esperaba. Si bien difundió su proyecto monárquico, también provocó que el bando republicano se organizara y lo enfrentara en su propio territorio. En sus memorias están explicadas las razones de su monarquismo. Monteagudo consideró que la sociedad peruana estaba muy fragmentada y que solo un gobierno fuerte podía prevenir conflictos fratricidas: "Las relaciones que existen entre amos y esclavos, entre razas que se detestan, y entre hombres que forman tantas subdivisiones sociales, cuantas modificaciones hay en su color, son enteramente incompatibles con las ideas democráticas".[12] Tal vez Monteagudo tuvo

12. Monteagudo 1823: 6.

parte de razón, pero sin el apoyo de los criollos limeños su proyecto solo iba a generarle el aborrecimiento de sus opositores.

El "odio inflamado" contra Monteagudo

Además de desempeñar sus labores administrativas y de propaganda, Monteagudo impulsó una dura política antiespañola. Después del retiro de La Serna y del ejército realista de Lima, permaneció en la ciudad una importante población peninsular para resguardar su patrimonio: predios, negocios y fundos en los valles cercanos. Monteagudo vio en estos españoles un peligro potencial porque podían generar una corriente de opinión contraria al Protectorado o colaborar con el ejército realista para retomar la ciudad. El ideólogo tucumano, como hemos visto, no era precisamente un hombre compasivo con sus enemigos. En Lima, una de las primeras medidas que tomó fue la confiscación de los bienes y propiedades de los realistas que se refugiaron en los castillos del Real Felipe. En prevención de motines y conjuras, organizó una red de espionaje para tener vigilado a cada peninsular. Cualquier sospecha de conspiración dio lugar a destierros, prisiones y fusilamientos. En el discurso dado con ocasión de colocar la primera piedra del monumento que conmemoraría la independencia del Perú, anunció "que en el curso de unos meses espera desterrar del Perú a todos los tiranos y pillos españoles".[13] Monteagudo, es cierto,

13. Citado en O'Phelan 2001: 381.

era un autoritario, y no tuvo reparos para emplear la violencia, pero así fueron los hombres que hicieron la independencia.

El arma más temible de la política antiespañola de Monteagudo fueron los "cuerpos cívicos", una especie de milicias populares que custodiaban cada cuadra y calle de la ciudad. Los cívicos eran elementos de la denominada "plebe urbana" (artesanos, jornaleros, esclavos y vagos) que fueron adoctrinados como "republicanos", armados con mosquetes y desplegados para resguardar el orden interno. Los cívicos realizaban ejercicios y marchas militares en las plazas, y se movían en amenazantes cuadrillas armadas que despertaron el temor y la ansiedad de los españoles de que ocurriera una revolución popular. Muchos de ellos vieron con terror que ahora eran vigilados por sus esclavos, a quienes un decreto ordenaba recompensar con la libertad si delataban a aquellos, lo que los hizo partícipes de más de una intriga política.

El talante antiespañol de Monteagudo (jacobino lo llamaron sus enemigos para asociarlo con la época del Terror de la Revolución francesa) se debió a razones enteramente políticas. Monteagudo fue un hombre radical e inclusive arbitrario, pero era porque consideraba que el orden social que emergería de la independencia no podría florecer sin excluir a los realistas, a quienes concebía como la mala hierba que obstaculizaba el desarrollo de las plantas buenas. En ese sentido, afirmaba: "creer que se puede entablar un nuevo orden de cosas con los mismos elementos que se oponen a él es una quimera".[14]

---

14. Monteagudo 1823: 3.

Lo que correspondía, entonces, era eliminar a aquellos elementos malsanos sea mediante su destierro o liquidación física: cientos de españoles fueron deportados, enviados a prisión y fusilados cuando eran denunciados como espías del ejército realista. Como Lima vivía en un constante estrés ante la perspectiva de una insurrección peninsular, simultánea al ataque del ejército de La Serna, la política de persecución de Monteagudo contó con numerosos seguidores. Los españoles vivieron bajo sospecha permanente. Se les prohibió portar bastones y vestir capas, pues se creía que podían ocultar armas debajo de ellas, y eventualmente se llegó a restringir las reuniones de dos o más españoles en lugares públicos o privados.

La política represiva de Monteagudo tuvo sus frutos. De acuerdo con su propio testimonio, cuando el Ejército Libertador ingresó a Lima había en la ciudad diez mil españoles; cuando Monteagudo dejó el Perú en julio de 1822, solo quedaban quinientos. Aunque describió con orgullo este resultado, desestimó la comunidad de intereses y los vínculos de parentesco que los españoles tenían con los criollos e incluso con los mestizos de la ciudad, pues buena parte de aquellos habían llegado en el siglo XVIII, y se compenetraron con las familias antiguas mediante enlaces matrimoniales y sociedades mercantiles. Así lo observó el viajero Gilbert Mathison, quien escribió: "Allí se habían casado, habían levantado familias con niños, habían establecido amistades y adquirido propiedad".[15] La vehemencia revolucionaria de Monteagudo colisionó con esta comunidad de intereses y se ganó la animadversión de españoles y criollos.

15. Citado en O'Phelan 2001: 384.

A la oposición natural de los españoles afectados y de los criollos emparentados con aquellos se sumaron los criollos que colaboraron con la expedición de San Martín y que se vieron desplazados del Gobierno al instaurarse el Protectorado. Como se dijo, excepto por Hipólito Unanue, los ministros de San Martín fueron "extranjeros". Si bien a José de la Riva-Agüero se le designó prefecto de Lima y al marqués de Torre-Tagle como supremo delegado, muchos miraron con recelo que San Martín no convocara elecciones al Congreso, el que hubiera podido nombrar una junta de gobierno o un director supremo elegidos entre los nacionales. El descontento de estos criollos arreció cuando se supo que el ministro de Gobierno y Relaciones Exteriores, Juan García del Río, había sido enviado a Europa para gestionar un empréstito y, al mismo tiempo, con la misión secreta de buscar un príncipe para que gobernara el Perú (se dice que el candidato era el príncipe de Sajona y Coburgo). Los opositores de la monarquía se organizaron para desacreditar a San Martín y difundieron el rumor de que, en realidad, él deseaba coronarse rey, y empezaron a llamarlo "rey José".

Evidentemente, la campaña contra Monteagudo fue más enérgica. Se le atribuyó toda clase de crímenes: de enviar al paredón a españoles para hacerse de sus propiedades, de someter a las mujeres mediante chantajes, de opresor y amanerado al mismo tiempo. Su nombre se fue haciendo detestable a los oídos de los limeños. Desde *La Abeja Republicana,* Sánchez Carrión demandó la salida de Monteagudo: "Afuera el extranjero que dispone de nuestros destinos como un propietario suele hacerlo con sus rebaños". Sus enemigos encontraron la oportunidad para deshacerse de él cuando San Martín viajó a Guayaquil, en julio de 1822, a la célebre entrevista con Bolívar. A cargo del gobierno dejó al marqués de Torre-Tagle en calidad de supremo delegado. Liderados por José de la Riva-Agüero y Mariano Tramarria, este último un agitador con vínculos entre los artesanos y tenderos de la capital, organizaron una manifestación popular que se concentró en la Plaza Mayor y solicitó a Torre-Tagle la defenestración y expulsión de Monteagudo. La ciudad vivió dos días de zozobra, pues el marqués no dispuso la dispersión de los manifestantes, quienes se movilizaron por las calles distribuyendo panfletos contra Monteagudo.[16] De acuerdo con Mariano Vedia y Mitre, Torre-Tagle estuvo en coordinación con los amotinados e influyó en el Consejo de Gobierno para retirar el respaldo a Monteagudo, quien se vio en la obligación de presentar su dimisión. El 30 de julio, Monteagudo fue conducido preso al Callao y custodiado por una escolta para embarcarse fuera del Perú, con la orden de no regresar nunca más.

Retorno y muerte de Monteagudo

Monteagudo fue deportado a Panamá, adonde llegó la tarde del 22 de agosto de 1822. Se hospedó con el irlandés Francisco Burdett O'Connor, un general que apoyó a las guerras de la independencia americana, y allí es probable que haya empezado a escribir sus *Memorias*, las que fueron publicadas al año siguiente en Quito. En

16. Citado en McEvoy 1999: 36.

Panamá, por entonces parte de la Gran Colombia, se contactó con Bolívar para ponerse a su servicio. Monteagudo no pensaba en la jubilación política; por el contrario, creyó que cerca del Libertador podía volver a la escena pública. En una época en que la política estaba militarizada, si un civil quería estar cerca del poder debía unirse al entorno de los caudillos. Por su parte, Bolívar incorporó a Monteagudo a su corte, ya que apreciaba su inteligencia y las capacidades ejecutivas que demostró en la época del Protectorado. Sabemos por una carta del Libertador a Santander que el 14 de septiembre de 1822 Monteagudo estaba en Guayaquil camino a Quito: "Monteagudo y el General Necochea han llegado a Guayaquil y pronto espero verlos aquí".[17] Poco después Monteagudo se encontró con Bolívar y permaneció en tierras del actual Ecuador por varios meses. Debió ser un informante privilegiado para Bolívar, quien venía negociando su colaboración con el Gobierno peruano. Confirmada la utilidad de Monteagudo, Bolívar lo convirtió en su consejero, y pese a que conocía que varios criollos lo detestaban, decidió llevarlo a Lima.

Después de la expulsión de Monteagudo, San Martín, viéndose sin su principal operador político, convocó a un Congreso Constituyente, entregó el mando en su primera sesión y abandonó el Perú. Este Congreso eligió una Junta gubernativa, presidida por el general José de La Mar, pero luego de una campaña militar desastrosa, un motín liderado por José de la Riva-Agüero lo derrocó. Fue el primer golpe de Estado en la historia

17. Citado en De Vedia 1950, III: 158.

republicana, y, paradójicamente, lo realizó un civil contra un militar. Riva-Agüero también fracasó en la campaña contra el ejército realista, llegando a entregar Lima al ejército de José de Canterac. Entonces, el Congreso decidió invitar a Bolívar a venir al Perú para colaborar con la independencia. El 7 de agosto de 1823 Bolívar aceptó la invitación y se puso rumbo a tierras peruanas. Monteagudo no viajó con el Libertador, quien prudentemente lo comisionó a México y Guatemala para obtener fondos y hombres para la independencia de América del Sur. Era más conveniente que Bolívar afianzara primero su posición en el Perú, que ponderara el escenario y, en lo posible, ablandara a los enemigos de su controvertido consejero antes de llevarlo a Lima.

Monteagudo recibió las credenciales diplomáticas para su misión en México y Guatemala y la suma de doce mil pesos para gastos del viaje. Empezó los preparativos, pero una carta del secretario de Bolívar le comunicó la suspensión de la empresa. El tucumano devolvió las credenciales y el dinero, y emprendió la travesía a Mesoamérica por cuenta propia. En Guatemala, recibió una carta del Libertador, con fecha del 12 de septiembre, en la que le reclamaba venir al Perú "por hallarse de acuerdo los señores de Lima".[18] Se desconoce si los señores a los que se refiere Bolívar eran los enemigos de Monteagudo o criollos que simplemente deseaban congraciarse con el Libertador. Quizás Bolívar confió en que su celebridad bastaba para proteger a su consejero. No imaginó la calamidad que iba a derramarse sobre este.

---

18. Citado en De Vedia 1950, III: 172.

Al Perú llegó Monteagudo por el puerto de Huanchaco el 17 de abril de 1824, y fue directamente al encuentro de Bolívar, acampado en Trujillo. En el muelle estaba el médico italiano y animador de periódicos liberales Félix Devoti, quien al ver a Monteagudo montó inmediatamente en su caballo y se dirigió a comunicar la noticia a Sánchez Carrión y a Francisco J. Mariátegui, los principales adversarios políticos de Monteagudo. En las tiendas de campaña y entre las tropas no se habló de otra cosa que del retorno del tucumano y de las actitudes que adoptaría el bando que lo expulsó. Monteagudo se incorporó a la corte de Bolívar y estuvo en la campaña militar en Junín junto a Bernardo O'Higgings, quien llegó al Perú exiliado de Chile y con quien se reencontró en Jauja. Ambos acompañaron al Libertador en su ingreso triunfal a Lima el 6 de diciembre. Días después, llegó la noticia de la decisiva victoria de José Antonio de Sucre en Ayacucho, y Bolívar celebró con un banquete en el Palacio de los virreyes, al que asistieron O'Higgins y Monteagudo.

Expectante a la conformación del nuevo gobierno, Monteagudo continuó con sus labores de consejero y por encargo de Bolívar escribió el *Ensayo sobre la necesidad de una federación general entre los Estados hispano-americanos y plan de su organización*. No llegó a concluirlo, aunque se publicó como obra póstuma. Se trata de un documento en el que el tucumano expone las virtudes de una federación de Estados y los lazos históricos y culturales que sustentarían dicha unión. Es posible, como lo sugieren algunos historiadores, que Monteagudo fuese nombrado delegado para el Congreso de Panamá, pero seguramente él hubiera preferido algún ministerio en el Perú. No fue profeta en su tierra, y el Perú, aunque con antagonismos, fue el país en el que su genio político pudo desplegarse. Fue aquí donde Monteagudo se sintió como un pez en el agua de la política. Sin embargo, sus proyectos se interrumpieron la noche del 28 de enero, cuando Candelario Espinosa apagó su vida clavándole un cuchillo cerca del corazón. Como se dijo, la noticia de la muerte de Monteagudo llegó a oídos del Libertador poco después de las nueve de la noche, y este ordenó en el acto que se realizara una investigación sumaria, empezando por detener a los vecinos de los alrededores del lugar donde se encontró el cadáver.

La investigación del crimen

El cuerpo de Monteagudo fue encontrado boca abajo, según el presbítero Juan de Dios Cortés, quien acudió a ayudarlo. El cirujano Ramón Castro certificó el deceso y precisó que la herida fue realizada con instrumento cortante, entrando a la altura de la tetilla izquierda, con seis dedos de profundidad y una abertura de pulgada y media. Hubo un segundo reconocimiento del cadáver realizado por el doctor Juan de Mata Rivas, pero solo agregó que había unas pequeñas contusiones en la ternilla de la nariz, en la sien izquierda y en la frente, que debieron ocurrir al desplomarse "cuando le faltarían los alientos".[19] Como se dijo, las investigaciones dieron rápidamente con la identificación y captura de Candelario

19. Paz Soldán 1860: 10.

Espinosa la mañana del domingo 30 de enero de 1825. Este afirmó en su primera declaración que el motivo fue el robo, y que encontró a Monteagudo en la calle Boza y lo siguió hasta la plazuela de San Juan de Dios. Allí le gritó que se detenga, a lo que Monteagudo exclamó: "¡Qué viene a ser esto!". Enseguida, intentó dispararle con una pistola, pero la llave de chispa no funcionó y entonces fue cuando le hundió el cuchillo. Cometido el crimen, huyó por la calle Amargura.

Candelario Espinosa confesó que tuvo un cómplice, el esclavo Ramón Moreira, quien fue aprendido y sometido a un tenaz interrogatorio. Moreira declaró que fue engañado por Candelario, que el plan era desvalijar una casa en la calle Trinidad, cerca de la plazuela de San Juan de Dios, pero una vez en el lugar Candelario suspendió el robo luego de afirmar que había un joven en la casa. Entonces, se dirigieron a una segunda vivienda, a la que Candelario "se adelantó á reconocer [...] y dijo estar cerrada".[20] De allí siguieron a la plazuela donde se encontraron con Monteagudo, y Candelario dijo al verlo: "Éste que pasa lleva reloj, vamos a robarlo". Enseguida se adelantó, aguardó a que Monteagudo llegara a la altura de la puerta de la botica y le gritó que se detuviera. El consejero de Bolívar hizo un ademán de sorpresa antes de recibir la punzada mortal. Monteagudo estaba aún en pie cuando Candelario increpó a Moreira por qué no le había disparado con la pistola que él traía.

20. Ibíd., p. 12.

Huyeron, como se dijo, por la calle Amargura con dirección al portal de San Jacinto, una de las entradas de las murallas de la ciudad. En el camino, Candelario comentó al esclavo Moreira: "Hasta el cuchillo se lo he dejado dentro; vaya por las que ha hecho".[21] Aquí Moreira cayó en la cuenta de que Candelario conocía a su víctima. Llegaron a la pulpería de los Gremios, donde ordenaron media botella de aguardiente. El expendedor les solicitó el dinero por adelantado, y Candelario respondió que "echase el aguardiente que pronto tendría plata para toros".[22] El pulpero no quiso atenderlos, pero Moreira lo conocía y se comprometió a pagar el consumo. Ya de regreso a sus domicilios, Candelario dijo jactancioso: "No tengas cuidado que yo he de tener plata, que teniéndola yo, la tienes tú".[23] A la mañana siguiente Moreira supo que el asesinado era Monteagudo, y dedujo que la muerte había sido pagada. Ramón Moreira siempre afirmó desconocer que era parte de un crimen político, pero el fiscal no le creyó, pues también llevaba un arma, y dedujo que tenía la intención de matar a Monteagudo.

Aunque inicialmente Candelario negó toda motivación que no fuera el robo, los militares que lo interrogaron desbarataron su versión, mostrándole que Monteagudo conservaba todas sus pertenencias. En su defensa, Candelario afirmó que como —pese a la puñalada—, seguía de pie, entró en pánico y huyó del

---

21. Ibíd., p. 13.
22. Ibíd.
23. Ibíd.

lugar dejando un zapato por el camino. No le creyeron, y procedieron, según el sumario del proceso, a "darle tormento para que confesase la verdad y descubriese a los autores": fue colgado de las muñecas y azotado durante toda la noche; se desmayó varias veces, y en los intermedios en que despertaba continuaba negando que alguien le hubiera encargado matar a Monteagudo. José Espinar, quien dirigió el interrogatorio, ofreció a Candelario perdonarle la vida si delataba a los autores intelectuales del crimen o, de lo contrario, que se preparase a morir. Reiteró el acusado la versión del robo, pero poco después pidió ver a Espinar y ofreció decir la verdad solamente ante Bolívar. Fue llevado a Palacio, donde relató una segunda versión.

Aquí es cuando la historia se complica, pues si bien quedaba claro que el robo no era el motivo del crimen, todos esperaban que Candelario delatara a Sánchez Carrión u otro enemigo célebre de Monteagudo. Lo cierto es que señaló como autores intelectuales detrás del homicidio al panadero Francisco Colmenares, a Francisco Moreira y a José Pérez, este último también panadero. Los mencionados Colmenares, Moreira y Pérez no eran personajes relevantes en la política peruana, y los sumarios ofrecen poca información sobre ellos y sus relaciones políticas con los enemigos de Monteagudo. Pero sigamos con el relato. De acuerdo con la versión de Candelario, Colmenares, a quien ya conocía, lo contactó en la calle el 24 de enero, y lo citó para la noche en la casa de Moreira con el propósito de hablarle de un "encargo secreto". Allí encontró a Moreira, quien le ofreció tres mil pesos si mataba a un hombre que pasaba por la calle Boza todas las noches entre las siete y las ocho. Fue a dicho lugar y reconoció por las señas que le dio Moreira a Monteagudo, aunque ignoraba su identidad. Cuando Moreira le reveló quién era la víctima, se atemorizó y quiso desistir, pero este le prometió que sería protegido por sus amigos y que obtendría un buen empleo, ya que la muerte de Monteagudo era parte de un plan en el que estaban involucrados personajes influyentes para hacerse del gobierno de Lima.

Apaciguado por Moreira, Candelario pensó en utilizar una pistola de su posesión, pero aquel le dijo que un cuchillo era más efectivo, y que un hombre de su confianza lo acompañase. Candelario respondió que solo confiaba en Ramón Moreira, el esclavo de su casa. Francisco Moreira aceptó, aunque opinó que simulara un robo. Candelario y Francisco Moreira acordaron encontrarse la noche siguiente en la muralla de Monserrate, a las nueve, para ultimar detalles. A la cita acudieron también Colmenares y Pérez; a este último Candelario lo conoció en aquella ocasión. Moreira, Colmenares y Pérez fueron detenidos, sus casas registradas y embargados sus papeles. Fueron recluidos en los calabozos de la Inquisición e incomunicados. Sin embargo, la versión de Candelario se desmoronó rápidamente. Colmenares demostró que la noche del 26, cuando se supone que asistió a la cita en la muralla de Monserrate, estuvo en casa de Manuel Arias jugando a los naipes. Corroboraron dicha coartada el propio Arias y varios señores de reconocido prestigio que asistieron al juego, entre ellos el general Francisco Salazar. Francisco Moreira y José Pérez también desbarataron la historia de Candelario, por lo cual el fiscal Ignacio Ortiz de Zevallos solicitó la libertad de los tres, así como la restitución de "su buena opinión y fama". El tribunal ordenó la libertad de los implicados, la pena capital para Candelario y diez años de prisión para Ramón Moreira.

El Gobierno no aceptó el veredicto y nombró un "tribunal especial" para procesar nuevamente a Moreira, Colmenares y Pérez, quienes permanecieron en prisión. Se designó como fiscal a Mariano Álvarez, apoderado de José de San Martín, pero se excusó de participar en el proceso afirmando que tendría que ordenar la detención del ministro Sánchez Carrión; fue reemplazado por Manuel Tellería. Este tribunal revisó el caso sin encontrar "vicios de nulidad" en el proceso, por lo cual emitió sentencia en similares términos a la primera: pena de muerte para Candelario Espinosa y diez años de presidio para Ramón Moreira. El Gobierno nombró entonces un tercer tribunal, el cual concluyó en septiembre que "parece más probable que el negro procedió de su propia voluntad". Es decir, no encontró pruebas de la complicidad de Francisco Colmenares, Francisco Moreira ni José Pérez, quienes fueron absueltos y liberados. El tribunal ratificó la pena capital para Candelario Espinosa y una pena menor para Ramón Moreira.

Bolívar intervino en este punto, ordenó la conmutación de la pena de Candelario y su destierro perpetuo. El Libertador nunca aclaró qué le confesó Candelario, un silencio que alimentó muchas especulaciones. ¿Por qué le perdonó la vida si los tribunales nombrados por el Gobierno no consiguieron probar la versión de Candelario? ¿Ocultó Bolívar la verdadera confesión de Candelario y tendió una cortina de humo procesando a personas sin responsabilidad en el crimen? Esta es una versión maquiavélica que se formuló en su tiempo: Candelario le habría confirmado al Libertador que, en efecto, el autor intelectual fue su ministro Sánchez Carrión, pero revelar esta verdad hubiera originado una crisis que era preferible evitar. Sánchez Carrión era cabeza del bando republicano, y actuar abiertamente contra él acarrearía que el bando entero se enfrentara a Bolívar, quien, además, estaba en plena composición de su gobierno en el Perú. Cuando poco después Sánchez Carrión murió repentinamente, se afirmó que la mano del Gobierno y del propio Libertador habían actuado para vengar a Monteagudo y enviar al mismo tiempo un mensaje al bando republicano de que no contemplaría conspiraciones.

Por otro lado, no sabemos qué pasó con Colmenares, Moreira y Pérez después de su liberación, pues los sumarios conservados se restringen a verificar las coartadas que presentaron. El expediente completo del proceso desapareció de los archivos del Poder Judicial. El controvertido escritor chileno Manuel Bilbao, quien residió largos años en Lima y publicó varios libros sobre nuestra historia política, afirmó que dicho expediente fue extraído por orden de un ministro, sin mencionar ningún nombre. Del expediente solo tenemos resúmenes publicados por Mariano F. Paz Soldán y extractos copiados por Ricardo Palma y publicados por el historiador argentino Mariano Vedia y Mitre.

Retrato apócrifo de Bernardo Monteagudo, mandado hacer por el historiador Mariano Pelliza al artista Henri Stein. Publicado en 1880. *Fuente: La Gaceta* (Tucumán).

Epílogo

Con el extrañamiento de Candelario Espinosa del Perú, el asesinato de Monteagudo permaneció cubierto por un velo de misterio, pero no se dejó de hablar de él. Fue un tópico que cada cierto tiempo despertaba el interés de la opinión pública, tal vez porque las sospechas siempre recayeron en el prócer de la independencia Faustino Sánchez Carrión, a quien se le imputó ser la mano que compró a Candelario. Como se dijo, la muerte de Sánchez Carrión alentó las murmuraciones. Este había escrito a Bolívar el 25 de febrero para informarle que dejaba la cartera de Gobierno y Relaciones Exteriores, ya que estaba enfermo y se retiraba a su rancho en Lurín para recuperarse. Su súbita muerte, el 2 de junio, después de dar un paseo a caballo, convirtió a Lima nuevamente en un nido de especulaciones: el rumor más común fue que había sido envenenado. Hipólito Unanue y el ministro Tomás de Heres ordenaron que fuera el insigne médico Cayetano Heredia quien realizase la autopsia y apaciguara en algo las habladurías. De acuerdo con Ricardo Palma, solo se publicó el extracto final del informe de Heredia, que afirmaba que "una rápida descomposición del hígado había producido el prematuro fin del ilustre tribuno".[24] Dicho informé se perdió de los archivos nacionales.

Años después, en 1853, la polémica sobre el asesinato de Monteagudo fue revivida por el general colombiano Tomás Cipriano de Mosquera, quien publicó sus *Memorias sobre la vida del libertador Simón Bolívar*. Mosquera fue amigo personal y confidente del Libertador, y en sus *Memorias* afirmó que Candelario Espinosa le había confesado a Bolívar que fue Sánchez Carrión quien ordenó matar a Monteagudo. Añadió además que el general Tomás de Heres vertió el veneno que acabó con la vida de Sánchez Carrión en un refresco de horchata que un criado llevó a su amo. Heres, amigo entrañable de Monteagudo, había decidido vengarlo (Heres, dicho sea de paso, también murió asesinado en Angostura, en 1842). Posteriormente, en 1877, Ricardo Palma volvió a atizar las especulaciones cuando publicó su ensayo *Bolívar, Monteagudo y Sánchez Carrión*, en

24. Palma 1906: 208.

el que sugirió, recogiendo la versión de Mosquera, que Sánchez Carrión fue el hombre detrás de la muerte de Monteagudo: "El crimen no fue hijo exclusivo de la casualidad, sino obra de un puñal comprado".[25]

Las siguientes generaciones continuaron removiendo el recuerdo de Monteagudo e inclusive su tumba. Sus restos habían sido enterrados en el Cementerio General de Lima, se dice que en una ceremonia discreta, en una fosa modesta solventada por su apoderado Juan José Sarratea. Luego, en 1878, la Beneficencia de Lima exhumó sus restos y los trasladó a un mausoleo con su nombre. Poco después, el Gobierno argentino inició gestiones para trasladar los huesos de Monteagudo a Buenos Aires, y logró su propósito gracias a las diligencias del presidente Roque Sáenz Peña, quien había peleado por el Perú en las batallas de Tarapacá y Arica. La repatriación de Monteagudo se concretó en 1918, cuando una misión del Gobierno argentino condujo sus restos hasta el cementerio La Recoleta, en Buenos Aires. Finalmente, en 2016, las autoridades de Tucumán lograron que la urna con las cenizas de Monteagudo fueran trasladadas al Cementerio del Oeste. El hombre que había protagonizado las independencias de Buenos Aires, Chile y Perú, que había sufrido prisión y destierro, aunque también alcanzado la gloria, realizaba su última travesía, el viaje de retorno a su provincia natal.

25. Ibíd., p. 213.

Manuel Justo Pardo y Lavalle (Lima, 1834 - -1878). *Fuente:* Wikipedia 🅭🄍

Manuel Pardo
La fortuna y el poder

Antes de llegar al encuentro con su asesino, el ex-presidente Manuel Pardo se detuvo en las oficinas de *El Comercio* para corregir el discurso dado el día anterior, que sería impreso en la edición vespertina. Luego solicitó un coche para dirigirse a la Cámara de Senadores, de la cual era presidente. Iba acompañado de los representantes Manuel María Rivas y Adán Melgar. Llegó al Senado como a las dos de la tarde, hora en que según el reglamento se reunía la Asamblea. La guardia militar, compuesta por miembros del batallón Pichincha, le hizo el saludo correspondiente y Pardo traspuso el pórtico. En ese momento, cuando estaba de espaldas, el sargento Melchor Montoya, el último en la formación, giró sobre sus pies y le descargó un tiro de fusil. La bala perforó el pulmón derecho y salió por el tórax, rasgando el corazón. Pardo intentó volverse para encarar a su asesino, pero, abandonado de sus fuerzas, se precipitó al suelo.

Algunos testigos afirman que, al ser socorrido, pronunció con voz entrecortada: "Debo mucho... mi familia... un confesor". Otros declararon haberle escuchado decir:

"Perdono a todos... hasta a mis asesinos". De acuerdo con el senador Armando Vélez, uno de los primeros en llegar junto a Pardo, este le pidió que comunicara al Congreso que velara por su familia. Llegaron varios médicos a atenderlo, pero todos coincidieron en que la herida era mortal. La hemorragia no pudo ser contenida, y se fue formando un charco de sangre alrededor del victimado. Su esposa, al conocer la noticia, llegó con su hijo mayor, aunque solo a este se le permitió acercarse a su padre; Pardo dejó diez hijos huérfanos. La agonía duró alrededor de cincuenta minutos. Hubo tiempo para que el reverendo padre Caballero lo confesara y se le administrara la extremaunción. El presbítero Gonzales La Rosa le cerró los ojos cuando expiró. Era cerca de las tres de la tarde del 16 de noviembre de 1878. Pardo tenía 44 años de edad.

Después de disparar contra Pardo, Montoya corrió con dirección a la plazuela de la Inquisición. Los soldados del Pichincha no intentaron detenerlo; el senador Melgar quiso tomarlo por el cuello, pero Montoya luchó con él y logró desasirse. Juan Belloda, guardián del cuerpo de gendarmes y apostado en el cuartel contiguo al Senado, corrió hacia Montoya, luchó con él y lo redujo.

Apenas le llegó la noticia, el presidente en funciones, Mariano I. Prado, se dirigió al Senado acompañado de dos edecanes. Encontró a Pardo rodeado de sus colegas y curiosos, se abrió paso y pudo ver al herido. Dicen que se llevó las manos a la cabeza y, visiblemente conmocionado, exclamó: "¡Vergüenza!". Luego preguntó por el asesino, y le señalaron la pieza donde estaba Montoya. "¿Y por qué vive todavía ese miserable?", preguntó. Lo condujeron a la secretaría del Senado, donde meditó unos minutos y, más calmado, ordenó el reemplazo de la guardia de Pichincha por la del batallón Ayacucho. Al cabo de una hora se dirigió al cuartel Gendarmes de Lima, solicitó que se presentara el guardia que había capturado a Montoya y, cuando lo tuvo al frente, le comunicó: "Señor Belloda, es usted oficial". Belloda, natural de Áncash y de condición humilde, no pudo hacer efectivo su ascenso a subteniente porque carecía de los recursos para solventar el uniforme de oficial. Poco después Prado se enteró y lo ayudó a solucionar este *impasse*; en Huaraz, un grupo de notables, entre ellos el senador José Eizaguirre y el diputado Manuel Landevere, encargaron la confección de una medalla y una espada para Belloda.

El cadáver de Manuel Pardo fue trasladado al interior del Senado. La autopsia que se le practicó concluyó que la hemorragia del pulmón izquierdo fue la causa inmediata del deceso. Llamó la atención de los médicos el hecho de que los pulmones no mostraran evidencia de haber padecido tuberculosis, razón por la cual se le prescribió una estancia temporal en Jauja. Se afirmó que si la bala no hubiera provenido de un potente rifle Comblain, Pardo hubiera logrado sobrevivir. En la noche, concluida la autopsia, el cuerpo fue embalsamado y conducido a la casa familiar en medio de una multitud. Al día siguiente se dispuso una capilla ardiente en la iglesia de Santo Domingo para su velatorio por cuatro días. El 21 se realizaría la ceremonia funeraria en la Iglesia Catedral, para lo cual se ordenó al arquitecto José Tirbanti la confección de un catafalco. El Congreso, bajo la presidencia de José de la Riva-Agüero, aprobó que se le rindiera honores de presidente de la

República. Se declaró a la nación en duelo y se cancelaron las funciones de teatro y las corridas de toros, así como el servicio en las oficinas estatales.

Las primeras investigaciones señalaron que la muerte de Pardo era parte de una "revolución" en la que estaban involucrados todos los sargentos del batallón Pichincha. Al ser interrogado, Montoya intentó responsabilizar al sargento Antenor Gómez Sánchez del plan para matar a Pardo. Gómez Sánchez, presente en la guardia del Senado, debió secundarlo, pero se acobardó a último momento. La noche anterior al asesinato, Montoya tuvo un sueño premonitorio: la conspiración fracasaba y él era sancionado con la degradación. Aterrado, buscó a Gómez Sánchez, le contó del sueño y le comunicó su deseo de no seguir con la empresa, pero este le insistió diciendo: "No hagas caso de sueños, sigue adelante; entre los dos le daremos el tiro a Pardo".[1] Después se supo que Gómez Sánchez era una pieza secundaria del crimen. Montoya también delató a su tío Poyta, dueño de una tienda de artículos de sastrería, como uno de los instigadores; él lo había visitado varias veces en la guardia del Senado. Poyta fue detenido, y aunque admitió que conocía con antelación la intención de cometer el crimen, afirmó que buscó a su sobrino para disuadirlo, pero sin lograr su cometido.

Paralelamente al atentado contra Pardo debía estallar una revuelta de los guardias del Congreso y motines populares. Y en efecto, casi al mismo tiempo el sargento Garay, de la guardia de la Cámara de Diputados, salió a la plazuela y disparó su arma. Le siguieron tres soldados,

1. Ministerio de Gobierno 1879: 201.

pero el comandante a cargo de la guardia desenvainó su sable y puso en disciplina a los soldados que empezaban a desordenarse. Garay fue detenido por un soldado y un policía, y conducido al cuartel Ayacucho. Cuando atravesaban la calle Zárate, varios hombres apostados cerca de la Inquisición intentaron rescatarlo. La tropa tuvo que intervenir y hacer disparos al aire. Estos y otros hechos parecían confirmar la tesis de una conspiración: una hora antes del asesinato, el oficial Leocadio Delgado detuvo a un individuo que pasaba por la plaza Santa Teresa dando vivas a Piérola y mueras a Pardo. Demetrio Aranaga fue apresado luego de que alguien declarara que, antes del asesinato de Pardo, pasó en un coche cerca del Congreso y gritó a la guardia del Senado que había llegado el momento de acabar con los tiranos. La esposa de Nicolás de Piérola fue detenida junto a varios personajes vinculados a ella por sospecha de conspiración. Cuando Pardo era velado en Santo Domingo, un individuo arengó a la gente para incendiar sus restos; resultó ser un sirviente de la casa de la señora Piérola. En el Cusco se organizó una sublevación militar y una montonera que con fusiles llevados desde Arequipa recorrió los alrededores de la ciudad. El Congreso interrogó al ministro de Gobierno sobre la lealtad del ejército, y este señaló que "el estado normal del país era de la conspiración".[2] Inmediatamente, se votó a favor de la suspensión de las garantías constitucionales por sesenta días.

El Congreso también aprobó la disolución del batallón Pichincha después de que el ministro de Guerra

---

2. Ibíd., p. 62.

afirmara que no era confiable. Fue una terrible ironía. En 1874, se produjo la "expedición del Talismán", llamada así por la embarcación que llevaba a Nicolás de Piérola y sus hombres para defenestrar a Pardo, y fue el batallón Pichincha el encargado de contener a los rebeldes, peleando en cada calle de la ciudad de Arequipa, a donde Pardo llegó para inspeccionar las acciones. Los partidarios del civilista le recomendaron situarse en la estación de ferrocarril para escapar a Mollendo si el movimiento no era sofocado. En un acto de arrojo, Pardo permaneció en el centro de la ciudad dispuesto a mantener el orden constitucional. Después de la derrota de los pierolistas, recorrió el cuartel y agradeció a los soldados del Pichincha con estas palabras: "Os doy las gracias en nombre del derecho, en nombre de las instituciones, en nombre de la justicia". Y fue de este mismo batallón de donde años después salió el asesino del primer presidente civil electo por los peruanos, un mal preludio de los tiempos que se avecinaban: la inminente guerra con Chile. Pero nuevamente nos estamos adelantando, y debemos retroceder en el tiempo para comprender mejor los significados de la trágica muerte de Manuel Pardo.

Los orígenes de Pardo

Manuel Pardo y Lavalle nació el 9 de agosto de 1834 en Lima, en la esquina de las calles de San José y Santa Apolonia (actuales Junín y Lampa). Su abuelo fue el funcionario real Manuel Pardo y Rivadeneyra, natural de Galicia, quien llegó al Perú en 1793 para desempeñar el cargo de alcalde del crimen de la Audiencia de Lima. Entre 1798 y 1806 ascendió a oidor y posteriormente a regente de la Audiencia del Cusco. Estaba en este puesto cuando estalló el movimiento revolucionario de los hermanos Ángulo y del cacique Mateo Pumacahua (agosto de 1814), y fue hecho prisionero por los insurrectos. El abuelo del futuro primer presidente civil del Perú estuvo a punto de ser fusilado debido a su tenacidad para oponerse a la formación de una Junta de Gobierno, pero salvó de morir gracias a la intervención del obispo de la ciudad. Derrotado el movimiento insurreccional, Pardo y Rivadeneyra fue liberado y se trasladó a Lima, donde fue una especie de fiscal de las instituciones educativas: se opuso y logró la renuncia del rector del Convictorio de San Carlos, el más importante centro en el que se divulgaban las doctrinas liberales. Cuando se produjo la independencia, el acérrimo realista Pardo y Rivadeneyra se marchó a España, donde se desempeñó como consejero del rey en materia de hacienda. Murió en 1839.

El padre de Manuel Pardo fue el escritor y político conservador Felipe Pardo y Aliaga. Nacido en Lima en 1806, Pardo y Aliaga viajó con su padre a España en 1821, donde recibió una educación refinada. Regresó a Lima en 1828 para administrar la herencia familiar, y se quedó en el Perú. Enseñó en el Seminario de Santo Toribio y estudió en la Universidad de San Marcos, donde se graduó como abogado. Se vinculó con el ministro de Hacienda Manuel Pando, un político conservador que animaba tertulias literarias y había fundado un nuevo *Mercurio Peruano* (1827), donde empezó a publicar poesías y artículos costumbristas. Pardo y Aliaga usó su pluma para la poesía y la poesía para la política: son célebres sus versos contra el general Andrés de Santa Cruz, quien lideró la Confederación Perú-Boliviana (1836-1839). Apoyó además a políticos conservadores: a Agustín Gamarra, un general con pocos escrúpulos para hacerse del poder, y a Ramón Castilla, quien, siguiendo una arraigada costumbre, lo recompensó con puestos diplomáticos. Pardo y Aliaga se casó con Petrolina de Lavalle y Cavero. Al año siguiente nació Manuel Pardo, y la familia se trasladó a Chile, donde el padre fue nombrado ministro plenipotenciario. Allí permanecieron hasta 1839, cuando Pardo y Aliaga se sumó a la expedición chilena que viajó al Perú para destruir la Confederación Perú-Boliviana. Por entonces, Chile era el país donde los exiliados políticos del Perú encontraban refugio, pues existían muchos negocios entre empresarios y políticos peruanos. La familia volvió a Chile en 1846, cuando el gobierno de Ramón Castilla nombró a Pardo y Aliaga su representante diplomático.

En Chile, el pequeño Manuel Pardo estudió en la Escuela Comercial de Valparaíso y en el Instituto de Santiago. El célebre humanista venezolano Andrés Bello, amigo de su padre, exiliado en Chile, se refiere a él como un niño con una inteligencia precoz; por su parte, el historiador chileno Benjamín Vicuña Mackenna lo recuerda veraneando en Peñaflor. La familia permaneció en Chile hasta 1848, cuando regresó al Perú. En Lima, Manuel Pardo, ya con 14 años, asistió al colegio Guadalupe, institución dirigida por Sebastián Lorente, un célebre educador español que divulgó las doctrinas liberales. Su padre lo trasladó luego al Convictorio de San Carlos, institución que para entonces dirigía el sacerdote Bartolomé Herrera, quien lo había convertido en un reducto conservador. En marzo de 1850 Manuel

Asesinato de Manuel Pardo y Lavalle, presidente del Senado,
a manos del sargento Melchor Montoya en 1878.
Fuente: Wikipedia 🅭🅯

Pardo viajó a España. Allí se matriculó en la Facultad de Filosofía y Letras de la Universidad de Barcelona y obtuvo el grado de bachiller. Al año siguiente se trasladó a París, donde presenció el encumbramiento de Napoleón III como emperador de Francia y la represión a los republicanos que habían propiciado la revolución de 1848. En París asistió al Colegio de Francia, donde estudió economía política con el economista y político Michel Chevalier, quien colaboró con el gabinete de Napoleón III en la elaboración del Código de Comercio, texto que combinaba las ideas liberales con un Estado fuerte y centralizado.

Manuel Pardo regresó al Perú en 1852 y se incorporó a la actividad empresarial, aunque en 1855 formó parte de una comisión encargada de repartir cartas de libertad a los manumisos. Un año antes se había producido la revolución liberal que llevó nuevamente al poder a Ramón Castilla, cuyo gobierno realizó varias reformas importantes, entre ellas la abolición del tributo indígena y la manumisión de esclavos. En 1857 Pardo viajó a Jauja para curarse de una enfermedad pulmonar, lugar en el que permaneció hasta 1858, en la compañía del mencionado Bartolomé Herrera y del ingeniero polaco Ernest Malinowsky, el futuro constructor del ferrocarril Lima-La Oroya. Al año siguiente Pardo contrajo matrimonio con Mariana Barreda y Osma, hija de Felipe Barreda y Aguilar, conocido como "el hombre de los cinco millones". Barreda era consignatario del guano con destino a los Estados Unidos, y fue a través de él que Pardo ingresó al negocio del guano y al mundo del comercio y la banca. Gracias a este enlace matrimonial el joven Pardo se entroncó con el naciente empresariado nacional, y los consignatarios ganaron una líder intelectual y político. El matrimonio Pardo-Barreda tuvo once hijos; uno de ellos morirá en la epidemia de malaria de 1866.

Pardo, consignatario del guano

Antes de su matrimonio, Pardo había realizado varios pequeños negocios, aunque parece que fue la administración de la hacienda Villa, de su cuñado José Antonio de Lavalle, donde mostró sus destrezas gerenciales entre 1854 y 1856. Sin embargo, fue gracias a la dote de su esposa, unos 200.000 pesos, que pudo incursionar en la exportación de guano, el negocio de la época. El comercio del estiércol, principalmente al mercado británico, se inició a mediados de la década de 1840, y tuvo como principal consignatario a la casa comercial Gibbs, firma inglesa que contaba con los capitales para financiar la explotación y el transporte del guano a Europa. Los empresarios nacionales fueron contratistas que proveyeron bienes y servicios a Gibbs, pero conforme se iban capitalizando, presionaron para participar del negocio del guano y lograron que el Congreso aprobara, en 1860, una resolución legislativa que declaraba que el Estado entregaría las consignaciones privilegiando a los "hijos del país". El gobierno del general Rufino Echenique (1850-1855) venía concediendo consignaciones a empresarios nacionales, como al mencionado Felipe Barreda, pero el interés de los "hijos del país" era el mercado británico, donde se vendía la mayor parte del fertilizante. Cuando en 1862 se venció el contrato con la casa Gibbs, el Gobierno procedió a firmar contratos con consignatarios nacionales. En enero de 1863,

Pardo aparece firmando un contrato con el Gobierno por ocho años, junto a su suegro Felipe Barreda y José Canevaro, Carlos Delgado, Felipe Gordillo y Clemente Ortiz.[3] Pardo y sus socios permanecieron en el negocio del guano hasta 1869, cuando Nicolás de Piérola, el ministro de Hacienda del gobierno de José Balta, los despojó de las consignaciones para entregarlas a la casa francesa Dreyfus.

El sistema de consignaciones fue bastante controvertido y dio lugar a numerosas denuncias de defraudación. Así, los consignatarios recibían una suerte de patente que les permitía extraer, transportar y vender el guano en los mercados europeos. Se puede decir que eran representantes comerciales del Estado peruano, propietario de dicho fertilizante. Los consignatarios, descontando los gastos de la extracción y de transporte, recibían un porcentaje de las ventas. Estos solían inflar los costos de operación, con lo cual su margen de ganancia crecía a costa del ingreso del Estado. Algunas investigaciones de la época demostraron que se manipularon los libros de contabilidad para colocar como préstamos dineros del producto de la venta del guano que debían ingresar al erario nacional. Por supuesto, la defraudación por parte de los funcionarios no estuvo ausente.[4] Como se trataba de un bien altamente cotizado, era un negocio que enriqueció a quienes lograron involucrarse en él.

---

3. Al respecto, véase McEvoy 1994, Basadre 1983, Quiroz 2013.
4. Basadre 1983.

Volviendo a Pardo, su éxito como consignatario le permitió, junto a su suegro y otros socios, incursionar en la banca y las finanzas: fundó el Banco del Perú, el segundo que apareció en el país. Adicionalmente, Pardo inició varias empresas lucrativas, como la importación de chinos culíes en condiciones de cuasi esclavitud. En mayo de 1863 Pardo se asoció con la firma Canevaro y Compañía, de la que fue el principal accionista, mediante un aporte de 20.000 libras esterlinas; sus socios José Sevilla y José Canevaro contribuyeron con 15.000 y 10.000 libras, respectivamente.

Pardo era un liberal moderado en materia económica, pero en política tenía puntos de encuentro con los conservadores. En todo caso, no se hacía problemas en hablar de igualdad ante la ley y al mismo tiempo importar chinos para cumplir trabajos coercitivos. Esto no era inusual en la época. Un antecesor de Pardo fue el empresario y hacendado iqueño Domingo Elías, quien fundó el Club Progresista y editó el semanario *El Progreso* para promover su candidatura presidencial. Elías también hablaba de igualdad en su mencionado semanario, pero no encontraba contradicción en importar esclavos negros, para lo cual obtuvo un permiso especial del Gobierno.[5]

Pardo y su proyecto modernizador

Pardo se convirtió en un hombre acaudalado y cabeza política de los consignatarios del guano cuando fue

---

5. Tardieu 2004.

electo presidente de la Compañía Nacional de Consignaciones. No obstante, se diferenció de otros hombres adinerados debido a su visión modernizadora de la sociedad peruana, aunque su proyecto político era elitista y no otorgaba protagonismo a los representantes del mundo popular e indígena. En realidad, Pardo no pudo superar las constricciones de su tiempo: percibió a la sociedad indígena como un problema para el desarrollo económico y no llegó a elaborar una visión positiva del legado cultural andino. Si bien ante el predominio político de los militares su propósito tenía un carácter renovador, representaba principalmente la recomposición de la élite económica que ahora reclamaba el manejo del Estado y la plasmación de un proyecto de desarrollo económico basado en la construcción de los ferrocarriles para potenciar las exportaciones nacionales.

En efecto, mientras reposaba en Jauja, Pardo escribió sus "Estudios sobre la provincia de Jauja", publicados en la *Revista de Lima* en 1860, donde formuló tempranamente su visión sobre la economía del país y su intención modernizadora. Su planteamiento básico señalaba que la renta guanera era temporal, por lo que el país debía aprovechar este ciclo de bonanza con el fin de fortalecer sus bases económicas, para lo que la construcción de ferrocarriles jugaba un papel clave, pues articulaba los diferentes sectores de la economía nacional. Esta propuesta no era muy original, y su resonancia histórica se debe a que Pardo llegó a ser presidente. Cuando publicó su artículo, los ferrocarriles estaban revolucionando las comunicaciones en Estados Unidos y Europa central, y se venían construyendo en varios países de Sudamérica, mientras en el Perú funcionaba desde 1851 el ferrocarril Lima-Callao; asimismo, varios ingenieros extranjeros, como Malinowsky y Montferrier, publicitaron sus propuestas para construir líneas ferroviarias que unieran la capital con la sierra central y sur, y un proyecto de ferrocarril Lima-Jauja estaba en estudio.[6] Pocos años después de la propuesta de Pardo, los ferrocarriles fueron construidos, aunque a precios sobrevalorados, dando lugar a escándalos de corrupción en los que estuvo involucrado el célebre empresario norteamericano Enrique Meiggs. Sin embargo, los ferrocarriles no generaron la prosperidad ni el desarrollo que Pardo y otros prometieron para el Perú, y aquí debemos señalar una limitación del liberalismo económico que él representaba: las naciones donde los ferrocarriles incrementaron el desarrollo de sus economías venían experimentando la revolución industrial, la modernización de sus agriculturas, el crecimiento de su mercado interno y la expansión de la educación. En el Perú, el ferrocarril se injertaba en una economía tradicional, con buena parte de la población indígena sometida a formas de servidumbre y una escasa cobertura educativa. El ferrocarril era un elemento del desarrollo, no la varita mágica que lo producía. Así, su construcción no hizo del Perú una economía desarrollada.

Ahora bien, el ensayo de Pardo mantuvo silencio sobre la explotación del indígena, pues su percepción es claramente tradicional y reproduce los prejuicios de la época. Retrata el mundo indígena en una situación de postración, casi de barbarie, que desaprovecha las

---

6. Pardo [1860] 2004.

riquezas naturales debido a la ignorancia de las técnicas agrícolas y del "poco amor al trabajo de los indios". La lógica empresarial de Pardo no le permitió entender la racionalidad de la sociedad indígena, y la juzgó negativamente: los hombres trabajan solo cuatro meses, tiempo suficiente para hacer producir la tierra, luego de lo cual "la cosecha se invierte [...] en fiestas y aguardiente, y la tierra y los habitantes descansan los ocho meses restantes".[7] Para Pardo, la introducción del ferrocarril vendría a "resucitar" al mundo andino de su hibernación, convirtiéndose en un factor de progreso, inclusive mayor que el de la educación: "Todas las escuelas de instrucción primaria del Perú no enseñarían a nuestra población indígena en un siglo lo que la locomotora puede enseñarle en diez años".[8] Al igual que como entre los aborígenes de los Estados Unidos los ferrocarriles cumplían una misión civilizadora, en el Perú "no lo están menos a efectuar una revolución moral e intelectual en las masas atrasadas e ignorantes que forman el grueso de nuestra población".[9] Pardo veía en la locomotora un factor de desarrollo económico, pero también un elemento de evolución social y cultural, e idealizó la importancia de los ferrocarriles. Esto era típico de las élites del siglo XIX, que siempre manifestaron fascinación por la cultura y los adelantos tecnológicos de Europa.

7. Ibíd., p. 92.

8. Ibíd., p. 86.

9. Ibíd., p. 119.

Pardo, el funcionario modernizador

Aunque Pardo desempeñó pequeñas misiones gubernamentales (en 1864 el gobierno del general José Antonio Pezet lo nombró comisionado fiscal en Europa para obtener un préstamo y comprar armamento), fue su designación como ministro de Hacienda, en diciembre de 1865, lo que lo elevó a la escena pública. Pardo ya era un hombre acaudalado y, por supuesto, con aspiraciones políticas y una particular visión sobre el Perú que lo ponía en ventaja frente a sus contemporáneos. Al momento de asumir el Ministerio de Hacienda, renunció a favor de José Canevaro sus acciones en la Compañía Nacional de Consignaciones, de modo que su dedicación fue de tiempo completo. Invitado por el general Mariano Ignacio Prado, Pardo integró el denominado "gabinete de los talentos" que se propuso llevar a cabo reformas modernizadoras. Además de Pardo, el gabinete estuvo compuesto por el parlamentario liberal José Gálvez, el célebre jurista Toribio Pacheco y los abogados liberales José Simeón Tejeda y José María Químper.

Pardo, siguiendo el precepto de que el tesoro nacional debía descansar en los agentes económicos y la población, decretó nuevos impuestos a los capitales y a las exportaciones, así como la controvertida "contribución personal", que no era otra cosa que la restauración del tributo indígena. Por otro lado, Pardo también cuestionó y renegoció los contratos con los consignatarios, pues detectó prácticas dolosas en los libros de contabilidad que contravenían las leyes peruanas y lesionaban las finanzas del Estado. Aquí demostró que en sus acciones podía prevalecer el interés público y afectar los intereses del grupo social del cual provenía. Y si bien fueron moderadas, las renegociaciones con los consignatarios lograron ahorrar varios millones de soles al erario. Con el propósito de ejercer un control más estricto sobre las exportaciones del guano, creó la "inspección de consignaciones", un órgano administrativo para vigilar "los abusos que pudiera cometerse" en el proceso de comercialización del guano.[10]

Sin embargo, la medida más controvertida de Pardo fue la restauración del tributo indígena, el cual, abolido en 1821, fue una de las medidas más importantes de los liberales de la independencia, ya que eliminaba un gravamen contradictorio con la doctrina de la igualdad de los hombres ante la ley. Si bien el tributo, debido a la penuria fiscal, fue restaurado por Simón Bolívar en 1826, la revolución liberal de 1854 lo suprimió definitivamente. ¿Cómo así un liberal como Pardo restauraba un tributo del régimen colonial? La razón fue enteramente económica, como veremos, un rasgo del "liberalismo". Pardo consideraba que el tributo tenía consecuencias positivas para la economía nacional, ya que obligaba a los indígenas a aumentar su producción con destino al mercado o a enrolarse temporalmente en las haciendas y minas para obtener el dinero del tributo. En teoría, esto debía elevar la productividad de los hacendados y mineros, y generar al Estado un ingreso anual de cerca de 1.200.000 pesos. Para Pardo no había otra manera para que los indios contribuyeran a sostener al Estado que restaurando el tributo, pues mientras que el resto

10. Pardo [1867] 2004: 208.

de la población compraba mercancías importadas que habían pagado aranceles, en el caso de los indígenas "ni su propiedad era fácil de valorar ni sus costumbres la inclinaban al consumo de artículos extranjeros gravados en la aduana". Así, la manera de volverlos contribuyentes era con el tributo personal.[11]

El problema fue que la reinstalación de dicho tributo provocó la rebelión indígena de Huancané, sofocada con una terrible masacre. En el pasado, la recaudación del tributo había dado lugar a abusos contra los indios, y su restauración volvió a activar esta situación: los recaudadores aprovecharon la ocasión para exigir a los indígenas diversos trabajos gratuitos y confiscarles sus pocos bienes cuando no podían pagar el gravamen señalado. Algunos sectores de la opinión pública criticaron la medida, y aunque el tributo fue rápidamente derogado, en Huancané, Puno, los recaudadores persistieron en su cobro y desencadenaron una sublevación. La noticia de las protestas sensibilizó a la prensa y a los círculos políticos de Lima: apareció así la Sociedad Amiga de los Indios, cuya presidencia recayó en el editor de *El Comercio,* periódico en el que se publicaron numerosas cartas, artículos y noticias acerca de las arbitrariedades de que eran víctimas los indígenas de Huancané. El Gobierno envió tropas dirigidas por el general Baltazar Caravedo para pacificar la región, quien asumió una posición conciliadora. Sin embargo, los hacendados y el prefecto de Azángaro organizaron fuerzas locales que reprimieron y ejecutaron cruelmente a los líderes nativos. Así, Juan

11. Ibíd., p. 225.

Bustamante, un exdiputado liberal nacido en Puno que lideró a los rebeldes, fue torturado y decapitado en la plaza de Pusi. De esta forma, la contribución personal impuesta por Pardo acabó en un baño de sangre.

En su *Memoria* presentada al Gobierno en calidad de exministro de Hacienda, Pardo ensayó una explicación de la rebelión de Huancané y defendió su decreto. Él conocía la historia de abusos a que daba lugar la recaudación del tributo indígena, y así lo hizo constar en la mencionada *Memoria*: "Los antiguos abusos cometidos por los subprefectos, en la recaudación del impuesto personal, demostraban la necesidad de garantizar los derechos de los ciudadanos, poniendo la cobranza en manos que no dispusieran directamente de la fuerza pública".[12] Pardo creía que un "receptor de contribuciones" independiente del subprefecto podía evitar estos abusos, pero en la práctica antiguos subprefectos se enrolaron como receptores, y se produjeron numerosas situaciones en contra de los indios. Curiosamente, Pardo sostuvo que la razón de la rebelión no fue su decreto, sino la supresión del tributo indígena en 1854, pues esta significó la decadencia económica de los departamentos y la postergación de la construcción de las escuelas, caminos y puentes que necesitaban los pueblos: "Esta falta de instrucción y de obras públicas, causa de esa decadencia, es a su vez efecto de la falta de rentas locales, que permitan a cada circunscripción territorial atender por sí propia a sus necesidades".[13] Pardo nunca admitió

---

12. Ibíd., p. 219.

13. Ibíd., p. 373.

que la rebelión y la masacre de Huancané se originaron por su decreto; no obstante, el hecho debió quedar como una lección no reconocida, ya que cuando fue presidente no intentó restaurar el tributo personal.

Pardo renunció al Ministerio de Hacienda el 14 de noviembre de 1866. Días después, Guillermo Bogardus lo denunció junto a otros consignatarios del guano por peculado en el empréstito para la adquisición de las corbetas *Unión* y *América*, realizada en 1865. La acusación de Bogardus, cuyo propósito fue mellar el prestigio de Pardo, señalaba los excesivos intereses del crédito obtenido para la compra y el sobreprecio pagado por las mencionadas naves. En su defensa, Pardo afirmó que la premura de la compra obedeció al contexto de la guerra con España y a la opinión favorable de Miguel Grau y Pardo de Zela. Aunque la investigación que realizó el diputado Fernando Casós concluyó que en la operación no hubo irregularidad alguna, sus adversarios lograron que Pardo quedara asociado a los escándalos de defraudación que abundaron en la época. Es necesario señalar que Bogardus fue un enemigo político de Pardo y, como veremos más adelante, estuvo implicado en el atentado contra su vida y en la "revuelta del Talismán" que trató de derrocarlo cuando fue presidente de la República.

En la Beneficencia y la municipalidad

Después del Ministerio de Hacienda, Pardo fue designado director de la Sociedad de Beneficencia de Lima en diciembre de 1867, a la sazón una institución económica poderosa: además de recibir donaciones particulares y partidas presupuestales del Gobierno, poseía numerosos predios urbanos y fundos agrícolas, de los cuales extraía importantes rentas. La Beneficencia, compuesta por personalidades de las élites de Lima, tenía a Pardo como socio desde 1859. Al año siguiente de su elección, en 1868, Lima fue azotada por una epidemia de fiebre amarilla que, entre marzo y junio, dejó más de cuatro mil muertos. La peste afectó a todos los sectores sociales, y prácticamente no hubo familia que no contara con un infectado entre sus miembros.[14] Tres de los hijos de Pardo enfermaron y uno de ellos murió. Las instituciones gubernamentales y religiosas se movilizaron para auxiliar a los enfermos, pero fue la Beneficencia la que destacó por su capacidad para centralizar los esfuerzos y organizar las decenas de voluntarios que colaboraron en los lazaretos adonde eran llevados los infectados para evitar mayores contagios. La labor de Pardo contra la fiebre amarilla lo hizo popular, y fue una etapa que lo marcó personalmente, no solo por la muerte de su hijo, sino porque lo conectó con el drama de las familias pobres de Lima.

Pardo escribió una *Memoria* bastante prolija de su gestión en la Beneficencia, en la que detalló los capitales, bienes e instituciones que le correspondió administrar. El pulcro documento constituye una muestra de sus capacidades para dirigir instituciones complejas. Su labor concluyó el 30 de noviembre de 1868, y pocos meses después fue electo alcalde de Lima. El presidente José Balta había nombrado una junta de notables de cien personas, incluido el mismo Pardo, y fue dicha junta la

---

14. McEvoy 1994: 66.

que lo eligió. Este hecho es muy relevante, pues indica la ascendencia que ya ejercía Pardo sobre los hombres notables de Lima. Si la dirección de la Sociedad de Beneficencia lo había vinculado con los diversos sectores sociales de Lima, la alcaldía consolidó su posición entre las élites y lo proyectó como figura nacional. Como en anteriores gestiones, Pardo mostró tener iniciativa y despliegue de energía para sus labores. De hecho, se dice que fue el primer burgomaestre en exponer un programa de gestión al momento de asumir su cargo. Este consistió en procurar rentas alternativas y obtener el primer empréstito municipal por 100.000 soles. Pardo impulsó pequeñas reformas en el ornato de la ciudad, canalizando las acequias que atravesaban Lima y empedrando sus principales calles, pero también promovió la creación de escuelas de primeras letras para las clases populares. En esto siguió los viejos anhelos de los liberales de la época de la independencia. Con Pardo, el número de alumnos pasó así de quinientos a más de dos mil, para lo cual abrió nuevos locales y contrató más profesores.

Sin embargo, la iniciativa más reveladora de la personalidad de Pardo fue la exposición industrial en las Fiestas Patrias de 1869. El evento, inspirado en exposiciones similares en Francia y otros países europeos, reunió a los productores nacionales y principalmente a los manufactureros: fabricantes de vinos, azúcar, cueros, ganaderos, industriales e inclusive artesanos. Fue, como refiere Carmen McEvoy, "la presentación en sociedad de la burguesía peruana".[15] El público pudo apreciar

15. McEvoy 2007: 117.

por primera vez lo que el país producía, y a las mejores presentaciones se les otorgó premios para reconocer sus aportes a la nación. De esta forma, la exposición industrial mostró la imagen de los reconstituidos grupos empresariales del Perú, mientras Pardo apareció como el concitador del acontecimiento. No había entre las élites otro con el prestigio y la inteligencia de Pardo, y su figura empezó a despertar el temor de los grupos que veían que crecía su proyección política. Reservadamente, su entorno empezó a verlo como el candidato para las próximas elecciones, y sus adversarios se propusieron frustrar esa posibilidad.

Y en efecto, en el Congreso se cuestionó su elección y se inició un debate "acerca del municipio ilegal de Pardo", por lo que presentó su carta de renuncia en octubre de 1870 para no exponer su reputación a la polémica. En realidad, Pardo fue objeto de campañas negativas desde su época de ministro de Hacienda: el año anterior se había creado una comisión fiscal para investigar los negocios de Pardo en su calidad de consignatario. La norma fue observada por el Ejecutivo, pero en abril de 1870 la revivió Nicolás de Piérola, el exministro de Hacienda y enemigo personal de Pardo. La comisión, presidida por Joaquín Torrico, realizó una campaña de desprestigio contra Pardo, llegando a presentar una demanda ante los tribunales de Inglaterra. Posteriormente, la comisión fue presidida por el senador Daniel Ruzo, quien publicó ocho cartas en *El Comercio* con el fin de cuestionar la gestión de Pardo, en particular la misión financiera en Londres. Incluso, Ruzo viajó a Inglaterra y levantó violentos cargos contra Pardo cuando este estaba en campaña electoral.

No obstante, la postulación de Pardo a la presidencia fue inevitable: el 24 de abril de 1871 se fundó la Sociedad Independencia Electoral (SIE), en la que se organizaron sus partidarios, y el 2 de mayo se lanzó su candidatura en el teatro Odeón con la asistencia de seiscientas personas.

Rumbo a la Presidencia

El proceso electoral de 1871-1872 fue uno de los más violentos del siglo XIX. El primer presidente civil llegó al poder en medio de una revuelta militar, la de los hermanos Gutiérrez, que casi desembocó en una guerra civil y costó la vida del presidente José Balta. Dichas elecciones enfrentaron al viejo militarismo, encarnado en el expresidente Rufino Echenique, y la élite mercantil que emergió fortalecida de la prosperidad guanera, representada por Manuel Pardo. Echenique, para la época un anciano de sesenta años, había gobernado el Perú entre 1851 y 1854, y tenía como principal ventaja el respaldo de Balta; mientras que Pardo, con sus 37 años, expresaba la renovación política y enarbolaba un discurso modernizador. Se puede decir que la contienda fue entre la casta militar que gobernaba desde los años de la independencia y el banquero que representaba a los empresariados que se beneficiaron de la bonanza guanera. En efecto, entre los fundadores de la SIE hubo consignatarios desplazados por Dreyfus, banqueros y comerciantes, aunque también hacendados, militares, profesionales, burócratas y artesanos. Algunos historiadores han resaltado la movilización de los gremios artesanales, pero esto no era algo nuevo, pues los artesanos participaban en política desde la época de la independencia. Por lo general, sabían leer y escribir, y eran el puente entre el mundo popular y las élites: difundían la propaganda política entre los iletrados y organizaban a las turbas populares que tomaban las "mesas electorales". Sin embargo, pese a su presencia, la SIE fue una organización de "señores", donde el peso de consignatarios, banqueros y propietarios fue ampliamente superior a cualquier otro grupo social. Solo un artesano, el carpintero del Cusco Francisco González, obtuvo una diputación en el Congreso.

La campaña de Pardo consistió en concentraciones públicas, como la del Callao, el 21 de junio, donde fue ovacionado por una multitud. Por sugerencia de su secretario Ricardo Espiell, Pardo se presentó en el barrio popular de Malambo, donde fue rodeado por la gente y una mulata le estampó un beso en la boca. "Hasta allí llegaron los extremos del aura popular", dice Jorge Basadre. No obstante, el evento más significativo fue el de la Plaza de Acho, adonde asistieron más de catorce mil personas, las que desfilaron desde la Plaza de Armas. Pardo, dijo *El Comercio,* sacó de su apatía "a un pueblo desengañado por mil decepciones". Era la primera vez que se veía una manifestación multitudinaria alrededor de una candidatura civil.

El presidente Balta, emulando a Ramón Castilla, quiso actuar como el árbitro y gran elector en la contienda. Convocó así a una reunión a Pardo, Echenique y Manuel Toribio Ureta para sugerirles la designación de un candidato de consenso; sin embargo, las conversaciones no tuvieron éxito y Balta decidió mover la maquinaria del Estado para bloquear la victoria de Pardo: se encarceló a los electores civilistas, se hostilizó sus reuniones y se impidió las actividades de propaganda. La campaña se tornó violenta, llegando a presentarse enfrentamientos a balazos. El 12 de octubre, tres días antes de la elección de los colegios electorales, Balta reunió a Pardo, Echenique y Ureta para invocarles que desarmaran a sus partidarios. En esa ocasión Pardo dejó caer de modo casual una pistola que llevaba en el bolsillo. El mensaje fue evidente: no retrocedería ante nada para ganar esas elecciones. En la época, el uso de armas y fuerzas de choque era común para controlar las mesas electorales. Se registraron entonces numerosos actos de violencia en Lima y en las provincias, aunque en Huánuco fueron especialmente apremiantes contra los seguidores de Pardo: "De seis días a esta fecha los puentes que conducen a esta ciudad han estado custodiados con soldados para impedir el tránsito de nuestros electores y partidarios a los que desnudaban para registrarlos [...] muchos electores estaban con guardias para que no saliesen de sus casas".

Como el número de electores era reducido, el control resultaba relativamente factible.

Los partidarios de Echenique denunciaron que Pardo también empleó la violencia: turbas de Cañete, Lurín y Chancay, junto a los obreros del Ferrocarril Central, fueron movilizados como fuerza de choque. Según Echenique, sus partidarios no pudieron ingresar a la Plaza de Armas para emitir sus votos debido al nutrido fuego que recibieron de techos y balcones, por lo que Balta ordenó la apertura de mesas de sufragio con resguardo militar. Con todo, Echenique fue derrotado, y, en un último intento de frenar a Pardo, Balta proclamó la candidatura del jurista y político Antonio Arenas. Echenique publicó una carta en la que endosaba sus votos a favor de Arenas y afirmaba que "todas las autoridades han recibido del Gobierno órdenes de asegurar la victoria del nuevo candidato".[16]

Los colegios electorales, los que finalmente elegían al presidente, debían reunirse el 5 de mayo de 1872. Los resultados dieron como ganador a Pardo, aunque todavía restaba que la comisión permanente del Congreso calificara las actas. Arenas, el candidato perdedor, acusó a la comisión de actuar arbitrariamente y exigió que se convocase a un nuevo Congreso. Aquí se empezó a fraguar una salida inconstitucional para frenar a Pardo. Balta anunció un decreto para convocar a un nuevo Congreso, pero cuando se imprimía dicho decreto dio una contraorden y suspendió la medida. Al parecer, tenía un acuerdo con su ministro de Guerra y Marina, Tomás Gutiérrez, quien con el apoyo de sus hermanos, los coroneles Silvestre, Marceliano y Marcelino, darían un golpe de Estado. Los Gutiérrez eran militares díscolos y ambiciosos, procedentes de Arequipa, que apoyaron numerosas revueltas militares con Ramón Castilla, Pedro Diez Canseco y con el propio Balta, cuyo gobierno respaldaron decisivamente.

---

16. Citado en McEvoy 1994: 91.

La sublevación de los Gutiérrez

El cambio de opinión de Balta enfureció a los Gutiérrez, particularmente a Silvestre, el más violento de ellos, quien instó a Tomás a proseguir con los planes antes de que el Congreso terminara con las calificaciones y proclamara a Pardo. A las dos de la tarde del 22 de julio estalló la sublevación. Silvestre y el batallón bajo su mando se dirigieron a Palacio de Gobierno, arrestó a Balta y lo recluyó en el cuartel de San Francisco. Marceliano se concentró con sus soldados en la Plaza de Armas y, en un intento de atraerse el apoyo de la población, proclamó a Tomás como jefe supremo de la República. Este emitió un decreto de aceptación del mando y denunció que Pardo no podía ser presidente por tener un juicio pendiente con la nación. El Congreso, presidido por Echenique y reunido en juntas preparatorias, se pronunció contra la acción de los Gutiérrez. Pardo, quien estaba reunido con Miguel Grau y Aurelio García y García cuando le informaron de los hechos, se refugió en la casa del ministro de Brasil y al día siguiente escapó disfrazado a Chilca, donde fue recogido por el *Huáscar*.

La capital amaneció con las tiendas a medio cerrar, las oficinas públicas vacías y grupos de curiosos en las calles. Se respiraba una tensa calma. Los oficiales de la artillería se negaron a secundar a los Gutiérrez y la Marina se opuso rotundamente al golpe: los comandantes y la oficialidad del Callao firmaron un documento en el que calificaban la rebelión de los Gutiérrez de "ruina del régimen constitucional". En la noche comenzaron las deserciones de los cuarteles: los soldados abandonaban sus puestos, entregando sus fusiles a las multitudes que se organizaban para protestar contra los Gutiérrez, mientras estos apenas controlaban una facción del Ejército. Sin el apoyo de los sectores de la oficialidad y de los generales influyentes en el Ejército, su movimiento devino en la sublevación de un clan familiar.

A media mañana del 26 de julio, Silvestre salió de Palacio a la estación de San Juan de Dios. Llevaba dinero para gratificar a la tropa y papeletas para ascender a sus soldados más leales. En el camino compró quepis y galones de subtenientes. Llegó a la estación y tomó asiento en un vagón. Se escucharon gritos de la gente que protestaba arremolinada en el andén, y descendió del coche para intimidarla con disparos al aire. Le respondieron a tiros y cayó muerto. La turba se le abalanzó, le arrancó las ropas y lo despojó del dinero y las papeletas. Un extranjero llevó sus restos a la iglesia de los Huérfanos. En la Plaza de Armas una multitud enardecida llamaba a la sublevación. Cuando Tomás Gutiérrez supo que Silvestre había muerto envió un mensaje a Marceliano, a cargo de custodiar a Balta, en el que decía: "Marceliano han muerto a Silvestre. Asegúrate". Marceliano formó su batallón y se trasladó a Palacio, dejando a tres oficiales con Balta, quien dormía en su celda cuando fue acribillado.

Tomás, Marceliano y Marcelino, asediados por la multitud armada, se atrincheraron en el cuartel Santa Catalina, pero poco después Marceliano se trasladó al Callao y murió combatiendo al mando de su batallón. Como a las nueve de la noche, en medio de disparos de fusil y cañones, Tomás y Marcelino salieron con sus tropas: Marcelino pudo refugiarse en una casa amiga y salvarse, mientras que Tomás, pese a estar disfrazado de paisano, fue reconocido y hecho prisionero. Era conducido a prisión cuando una turba enardecida se lo arrancó a su escolta y lo persiguió hasta una botica, donde lo encontraron escondido en una tina y le descargaron una carga de fusil. Su cuerpo fue arrastrado por la calle, golpeado y vejado. Alguien le cortó el pecho mientras le decía: "¿Quieres banda? Toma banda". Fue luego colgado de un farol frente al Portal de Escribanos. El cadáver de su hermano Silvestre fue llevado de la iglesia de los Huérfanos y colgado también.

Al día siguiente, los cuerpos, que amanecieron colgados de las torres de la Catedral, desnudos y con marcas de terribles heridas, fueron bajados y quemados en medio de la Plaza Mayor. En la tarde, los restos de Marceliano llegaron del Callao y fueron arrojados también en la hoguera que ya se extinguía. Se afirma incluso que hubo "negros" que comieron de la carne asada. Basadre dice que se debió a la euforia del momento y a la presencia de individuos del hampa que actuaron entre la muchedumbre, alentada por el alcohol y el dinero. Apenas Pardo recibió las noticias, regresó a Lima y, desde el balcón de su casa, pronunció un discurso ante la multitud: "¡Pueblo de Lima! Habéis realizado una obra terrible pero una obra de justicia... aquellos tres cadáveres que se ostentan ante nuestra metropolitana envuelven una tremenda lección que no olvidaré jamás". En seguida, el Congreso proclamó la victoria de Pardo.

En Palacio de Gobierno

Cuando Pardo asumió el mando, el Perú estaba terminando su ciclo de apogeo económico: los depósitos de guano comenzaban a agotarse, la construcción de los ferrocarriles demandaba constantes inyecciones de recursos públicos y las deudas estaban impagas. El margen de acción era limitado, pero aun así Pardo intentó ordenar la Hacienda pública y aplicó una reforma arancelaria que elevó los impuestos a las propiedades y a las importaciones, lo que alivió parcialmente el déficit fiscal. De manera que el hombre que había llegado con la expectativa de sentar las bases para el despegue económico del Perú debía contentarse con ordenar las cuentas fiscales, contener a los acreedores de la deuda pública y aplacar a los revoltosos que trataban de desestabilizar a su gobierno. Por tanto, Pardo no pudo realizar ninguna de las obras de infraestructura que había planeado, aunque continuó con la construcción de los ferrocarriles que los gobiernos anteriores iniciaron. Más bien, pasó a la historia como el presidente que canceló la compra de los dos blindados, acordada por el Congreso anterior, para contrarrestar la carrera armamentista de Chile, país que había adquirido los blindados *Cochrane* y *Blanco Encalada*.

Pardo desestimó el peligro de la guerra con Chile, del que era plenamente consciente, y se inclinó por un tratado defensivo entre Perú, Bolivia y Argentina para bloquear el belicismo del país sureño. Este fue un gran error, y no porque el tratado no tuviera sentido, sino porque Argentina no concretó su adhesión, y debió ser cancelado, ya que perdía su fuerza persuasiva, lo que nos obligó a defender a Bolivia de producirse una agresión chilena. El tratado, limitado solo a Bolivia, conducía al país a la guerra. Y en efecto, el Gobierno chileno justificará la guerra contra el Perú alegando que el "tratado secreto" de 1873 era parte de una conspiración en su perjuicio. Pardo, tal vez por su talante pacifista, rehusó entrar a la carrera armamentista; así, cuando se debatió la cancelación del pedido de dos naves para la armada, señaló que los blindados que él estaba construyendo se llamaban *Argentina* y *Bolivia*, en alusión al tratado secreto con estos países.

Probablemente, Pardo fue el hombre más preparado de su época para gobernar el Perú, pero resultó insuficiente. No supo calibrar, pese a sus relaciones y a su conocimiento de la política chilena, la bomba de tiempo que significaba que nuestros vecinos dominaran la explotación del salitre en Antofagasta (y parcialmente en Tarapacá), donde constituían la mayoría de la población en aquel desierto rico en ese nitrato. Evidentemente, la severidad de estas apreciaciones tiene la ventaja del tiempo y abarca al conjunto de las élites que gobernaron en la época en que se incubó la Guerra del Pacífico. Sin embargo, no podemos soslayar que Pardo sintetiza muchas de las actitudes de las élites que amasaron fortunas en la época del guano, pero sin sentar bases sólidas para el desarrollo del Perú. En su dura apreciación sobre Pardo, Manuel González Prada dijo que si poseyó la "ciencia de enriquecerse, no tuvo la de enriquecer al país".[17] Aunque exagerada, resulta válida para su generación.

---

17. González 1938: 141.

En descargo del papel que cumplió Pardo en los años previos a la guerra con Chile, debemos decir que los retos que encaró en el frente interno no fueron nada fáciles. Numerosas asonadas militares y conspiraciones se produjeron contra su gobierno, aunque la más memorable fue el motín de los sargentos del batallón Zepita, en el cuartel de San Francisco en Lima. Estos sargentos, tratando de insurreccionar a las tropas, salieron disparando a la calle con el propósito de levantar a la población. Sin embargo, fueron neutralizados por el comandante Andrés A. Cáceres, futuro héroe de La Breña, y un grupo de soldados leales que se batieron a balazos con los insurrectos. Pardo estaba en Chorrillos cuando ocurrieron los hechos, y apenas recibió la noticia se trasladó al cuartel: encontró a los sargentos arrestados y a los soldados disciplinadamente formados en el patio.

No obstante, la tranquilidad le duró poco. En la edición de *La Mascarada* del 15 de agosto de 1874 apareció una caricatura en la que se presentaba a Pardo en una escena similar a la del asesinato de Julio César en el Senado. La leyenda de la caricatura señalaba: "El último día de César. La historia es un espejo donde la humanidad halla consejo". Una semana después, el capitán Juan Boza atentaba contra Pardo mientras este atravesaba a pie el portal de Escribanos, en la Plaza de Armas. Boza disparó varias veces su revólver, pero sin lograr herirlo porque Pardo desvió el arma con su bastón. Los hombres que secundaban a Boza hicieron disparos al aire y echaron a correr por la calle de Mercaderes gritando: "Viva la religión, muera Pardo". Aunque fallido, este atentado mostró hasta dónde estaban dispuestos a llegar sus enemigos políticos.

Caricatura del semanario *La Mascarada*, donde se representa al presidente Manuel Pardo, en el papel de Julio César, entrando al Senado, mientras que un personaje anónimo, en el papel de Bruto, está alerta para darle la estocada homicida. La caricatura fue premonitaria, pues una semana después Pardo fue víctima del primer atentado contra su vida.
Fuente: Wikipedia 🅭🅯

Pero sus adversarios no estaban solo en los cuarteles. Poco después se produjo la expedición del *Talismán*, nave que partió de Chile transportando a Nicolás de Piérola y sus seguidores para hacerse del poder. A bordo también estaban Guillermo Bogardus, el acusador de Pardo en relación con su misión europea de 1866, y el joven Guillermo Billinghurst, empresario salitrero, futuro combatiente del Morro Solar en la Guerra del Pacífico y posteriormente presidente del Perú en 1912. La expedición fue un fracaso. Miguel Grau, a bordo del *Huáscar*, capturó el *Talismán* en el muelle de Ilo y retuvo gran cantidad de armas, municiones y pólvora. Piérola logró huir a Moquegua, donde organizó una fuerza de poco más de doscientos hombres, pero fue derrotado cuando intentó tomar Arequipa, adonde había llegado Pardo para inspeccionar la ejecución de las acciones contra los rebeldes.

Pardo logró mantenerse en el poder debido a que las conspiraciones militares y las promovidas por Piérola fueron apagadas rápidamente. Si bien no pudo realizar una gestión memorable (Ramón Castilla quedará asociado a la abolición de la esclavitud y Balta a la construcción de los ferrocarriles), cumplió con ordenar el presupuesto público y reducir el déficit fiscal. Al final de su gobierno expropió las compañías que explotaban el salitre en Tarapacá, entre ellas varias firmas chilenas, porque la oferta de este nitrato tendía a bajar el precio del guano. Cuando se aproximaron las elecciones (el periodo gubernamental era de cuatro años) no encontró un sucesor de consenso, y finalmente apoyó la candidatura del general Mariano I. Prado, de quien como vimos fue Pardo su ministro de Hacienda. El general Prado asumió así la Presidencia de la República el 2 de agosto de 1876.

Exilio en Chile y retorno al Perú

A veces los caminos de la política son misteriosos. Mariano I. Prado, quien en la campaña electoral se declaró continuador del gobierno de Manuel Pardo y recibió el apoyo del civilismo, nombró a Antonio Arenas, el excontrincante de Pardo en las elecciones de 1872 y tenaz opositor de su gobierno, como jefe del Gabinete y ministro de Justicia. Este nombramiento desconcertó a los civilistas, quienes, con mayoría en el Congreso, se pronunciaron en contra de otorgarle la confianza. La respuesta del Gobierno fue una manifestación encabezada por el viejo general Antonio Gutiérrez de la Fuente que acabó en el asalto al Club de la Unión y a la imprenta de *El Comercio*, y en un frustrado ataque al domicilio de la casa de Pardo. La Cámara de Diputados presentó una moción de censura y la de Senadores aprobó un voto en contra de Arenas, quien tuvo que renunciar.[18] Este fue el inicio de los enfrentamientos entre el gobierno de Prado y el civilismo.

Como ocurrió con Pardo, el gobierno de Mariano I. Prado tuvo que encarar diversos levantamientos militares. El más destacado fue la revuelta pierolista en el Callao, que capturó el *Huáscar* y navegó a Antofagasta, donde esperaba Piérola, quien fue ungido como "Jefe Supremo del Perú". La corbeta *Independencia* zarpó en su persecución y logró que se rindiera en Iquique. Después, un nuevo motín militar se produjo en el Callao, encabezado por Aurelio García y García, exministro de Pardo y otros conspicuos miembros del civilismo. El motín fue rápidamente debelado, y la prensa gobiernista hizo responsable a Pardo, quien preventivamente se asiló en la embajada de Francia. Aunque Pardo afirmó desconocer la conspiración, la presencia de varios civilistas de su entorno complicó su situación. El Gobierno

18. Martin 1978: 9.

le permitió abandonar el país, por lo que abordó un barco en el Callao y se dirigió a Valparaíso, donde fue recibido en calidad de exiliado político.

Queriendo apaciguar la situación, Prado dictó una amnistía a favor de los sublevados que capturaron el *Huáscar* y de los amotinados en el Callao, es decir, alcanzó a Piérola y Pardo. Aprovechando su libertad, Piérola se embarcó a Valparaíso. Aunque en una ocasión Pardo y Piérola asistieron a la misa por la muerte del vocal de la Corte Suprema del Perú, Domingo Mendoza, fallecido circunstancialmente en dicho puerto, el exilio no consiguió acercar a los tenaces adversarios políticos que marcaron la historia de la segunda mitad del siglo XIX. Piérola permaneció en territorio chileno hasta febrero de 1878, cuando se trasladó a Europa.

De acuerdo con las normas electorales, ese año un tercio del Congreso debía renovarse. Los civilistas, con el propósito de que Pardo retornara al Perú investido de la autoridad legislativa, lanzaron su candidatura para senador por el departamento de Junín. El Gobierno intentó obstaculizar su elección postulando al general Manuel González por el mismo departamento. La contienda fue violenta: bandas armadas trataron de amedrentar las concentraciones de los civilistas y varios de sus dirigentes fueron detenidos para impedir sus actividades proselitistas. Sin embargo, la elección de Pardo fue imparable: no solo ganó la senaduría, sino que resultó electo presidente de su Cámara el 27 de julio de 1878, estando todavía en Chile. Los civilistas obtuvieron la mayoría en ambas cámaras, lo que confirmó que contaban con respaldo popular e hizo prever la victoria de Pardo en las próximas elecciones presidenciales. Aunque en el Callao y Arequipa se organizaron manifestaciones para demandar un plebiscito que desconociera las elecciones en el Congreso, estas se apagaron rápidamente.

Apenas se supo que Pardo retornaba al Perú, circularon rumores acerca de un atentado contra su vida. José de la Riva-Agüero, vicepresidente del Senado, le envió una misiva sugiriéndole postergar su viaje. El chileno Domingo Santa María, amigo de Pardo y futuro presidente de Chile, le escribió advirtiéndole de los peligros de viajar al Perú: "Si Ud. no tiene elementos positivos y poderosos, para defender su partido y las instituciones ultrajadas en su país [...] sería hacer un sacrificio estéril, constituirse en víctima segura de un brutal atentado".[19] La esposa de Pardo le envió unos libelos amenazantes lanzados por la ventana de su casa y le pidió permanecer en Chile. El historiador Benjamín Vicuña Mackenna, quien visitó a Pardo poco antes de que retornara a Lima, transcribió una de esas proclamas: "Ahora estamos resueltos a escarmentarlos para siempre haciendo práctica la sentencia de las justicias populares en el mismo Pardo y en los suyos que las sancionaron cuando los infelices Gutiérrez".[20] Después de varias postergaciones, Pardo llegó al Callao el 2 de septiembre de 1878, donde fue recibido por una multitud de seguidores mientras otra lo esperaba en la estación de San Juan de Dios, actual plaza San Martín. Los rieles fueron levantados para

---

19. Citado en Martin 1978: 57.

20. Ibíd., p. 58.

descarrilar el ferrocarril, pero no pasó a mayores. Recibido por sus partidarios, fue acompañado hasta su casa en la Pileta de la Trinidad, donde un edecán de Palacio y los vicepresidentes Luis La Puerta y José F. Canevaro presentaron personalmente sus saludos. Pardo, en retribución, fue a saludar a Prado, con quien conversó por treinta minutos sobre la necesidad de una conciliación política entre el Gobierno y el Congreso. Días después se le vio a Pardo en una tertulia en Palacio, invitado por el presidente Prado. Todo parecía apuntar a un entendimiento entre el Gobierno y los civilistas.

Sin embargo, el entusiasmo del retorno fue corto. En un artículo publicado en el periódico pierolista *La Patria* se deslizó así una lúgubre amenaza contra Pardo: "Será que el Jefe del Estado dice al pardismo, como Cicerón a Catilina: Yo te mataré, al fin, pero lo haré cuando ninguna boca honrada deje de aprobar y aplaudir tu muerte".[21] Pardo estaba marcado por la fatalidad, pero el caudillo civilista no se arredró y continuó con sus actividades políticas. Se presentó en el Senado el 7 de septiembre y asumió la Presidencia de la Cámara. Riva-Agüero recibió el 12 de noviembre un mensaje anónimo en el que le advertían que se organizaba un golpe militar, por lo que debían cuidarse él y Pardo. Se lo comunicó al día siguiente al líder civilista, pero este estaba determinado a no interrumpir sus actividades políticas. El 14, Pardo asistió al debate de la "ley sobre amortización de los billetes fiscales", y le comentó a Riva-Agüero que había recibido un anónimo igual al suyo. Fueron

21. Ibíd., p. 60.

Manuel Pardo y Lavalle retornando al Callao en enero de 1875, luego de debelar la sublevación de Nicolás de Piérola.
Fuente: Reproducción de un dibujo de H. Meyer (1872) publicado en *Revolución de Lima: reseña de los acontecimientos de julio-1872,* por Héctor Valera (México, 1983).

varios y por diversos medios los mensajes que llegaron a Pardo comunicándole que atentarían contra su vida, y sin embargo no tomó precaución alguna. El día que fue al encuentro de su asesino iba sin resguardo. Lo acompañaban, ya se dijo, los senadores Manuel M. Rivas y Adán Melgar, quienes poco pudieron hacer para impedir que cayera víctima de un rifle Comblain.

El asesinato y el proceso judicial

Aunque muchos presentían que se atentaría contra Pardo, la ciudad se sobrecogió con la noticia de su asesinato, y la gente se arremolinó en la plaza de la Inquisición para conocer los detalles del atentado. Pardo no realizó un gobierno espectacular, pero la opinión pública reconocía sus buenas intenciones y la moderación de su conducta en medio de tantos militares díscolos. A los funerales asistió una multitud sin precedentes y su ataúd fue velado en la iglesia de Santo Domingo para ser luego trasladado a la catedral con gran acompañamiento. Basadre afirma que eran pocas las personas que no vestían luto. Tal vez Pardo no fue querido por todos, pero sí respetado por muchos. Las oficinas públicas, legaciones y casas particulares izaron banderas a media asta, mientras senadores, diputados, oficiales, burócratas, autoridades universitarias y otros representantes de las instituciones del país se turnaron para cargar el ataúd. Al avance del cortejo se arrojaban coronas y flores desde muchas casas. Pardo fue enterrado en el Cementerio General de Lima junto a la tumba de su padre, Felipe Pardo y Aliaga, mientras duró la construcción de su mausoleo en el terreno donado por la Sociedad de Beneficencia.

A Melchor Montoya se le abrió proceso en primera instancia ante la Corte Superior de Lima. Las investigaciones descartaron que el mencionado Gómez Sánchez fuera el cabecilla y establecieron que otros sargentos estaban implicados en la conspiración y que la esposa de Nicolás de Piérola, doña Jesús Iturbide, conocía del plan. Manuel Poyta, tío de Montoya y dueño

Mausoleo privado de la familia Pardo en el Cementerio General de Lima
(hoy conocido como Presbítero Maestro).
Fuente: Wikipedia 🅭 🄍

de una sastrería, enterado de los planes de su sobrino, buscó a la esposa de Piérola y se lo contó "a fin de que ella cooperara y los ayudara". Aunque no obtuvo nada, quedó patente que doña Jesús pudo denunciar el plan criminal, pero no lo hizo. Poyta también implicó al doctor José Ampuero, político pierolista, quien aprobó el proyecto, sugirió comprometer a la artillería y ofreció como jefes si el motín prosperaba a los generales Ramón Vargas Machuca y Fermín del Castillo (aunque en sus declaraciones estos negaron conocer a Montoya). Cuando la Policía fue a buscar a Ampuero, trepó por las paredes y escapó por los techos, pero fue capturado en una casa vecina tratando de esconderse. Ante el fiscal negó conocer a Poytia, pero luego se demostró que este le daba servicios de sastre y que fue visto en su casa el día del asesinato. Ampuero fue recluido en la cárcel.

Otros testimonios implicaron a doña Jesús Iturbide. El sargento Vicente García relató que un día antes del asesinato encontró a Montoya en la calle Animitas, y este le mostró una carta de la esposa de Piérola en la que lo incitaba a sumarse a una sublevación: "en esa carta la indicada señora le recordaba el compromiso contraído, le aseguraba que Piérola había salido de Europa y estaría pronto en el Perú con grandes elementos: que la revolución estaba asegurada si él, Montoya, cumplía su ofrecimiento, y finalmente ponía a su disposición el dinero que necesitase".[22]

García rehúso involucrarse pero hizo ver a Montoya la imprudencia de conservar la carta, y este la hizo

22. Asesinato 1879: 17.

pedazos después de pensarlo. El sargento Elías Álvarez también comprometió a la esposa de Piérola. Inicialmente instigado por Montoya y Garay, aceptó sumarse a la sublevación, pero al conocer que el propósito era matar a Pardo, por lo cual serían recompensados por Piérola haciéndolos capitanes, desistió de participar en la conspiración, y a modo de precaución solicitó licencia por diez días, de modo que no estuvo de servicio la tarde en que se cometió el crimen. Por su parte, el sargento Fabio Bravo manifestó ante el fiscal que "el sábado por la mañana Montoya le habló sobre el hecho, de que iba a dar muerte a Don Manuel Pardo, que el fin que se proponía era quitarlo de por medio y colocar a Don Nicolás de Piérola: que para ello tenía un tío que se ponía en comunicación de la señora Piérola".[23] Estos testimonios y los antecedentes golpistas de Piérola parecían confirmar que los sargentos eran parte de un plan de mayor alcance que pretendía desestabilizar al Gobierno y abrir camino para que, en medio de la crisis, apareciera en escena Nicolás de Piérola. Doña Jesús Iturbide fue detenida, interrogada por el fiscal y careada con los sargentos, pero rechazó rotundamente conocer a Montoya y a los otros implicados. Como estos solo pudieron aportar sus testimonios, la señora de Piérola fue puesta en libertad el 26 de noviembre.

La investigación fiscal se concentró entonces en los sargentos involucrados en la conspiración, quienes asumieron enteramente la responsabilidad del crimen. La cadena se rompería por el eslabón más débil: Montoya, Garay, Alfredo Decourt y Elías Álvarez, a quienes se

23. Ibíd., p. 28.

inculpó de maquinar el asesinato de Pardo en el alfalfar Chacritas, próximo a su cuartel. Después de ultimar a Pardo, saldrían con la tropa, montarían barricadas y levantarían al pueblo. Ellos sortearon así la distribución de las tareas: a Montoya le tocó disparar a Pardo, a Garay levantar a los sargentos de la Cámara de Diputados y a Decourt a los del cuartel del Pichincha, luego de lo cual se arrodillaron para jurar no delatarse y cumplir el plan con determinación. Montoya declaró que el motivo del asesinato fue la ley de ascensos del Ejército que se debatía en el Congreso, la cual frustraba su incorporación a oficial al establecer como requisito indispensable el haber cursado estudios en la Escuela Militar. En el sumario del juicio, la respuesta exacta de Montoya fue que disparó contra Pardo "a consecuencia de lo aburrido que estaba, al saber que a él y sus compañeros los iban a separar de la carrera militar".[24] Como resultó que Pardo no era autor de este proyecto de ley y que además Montoya ni los otros sargentos serían afectados ya que dicha norma comprendía a los cuerpos formados después de 1875, se le inquirió sobre sus vínculos con personajes de la política. Negó tenerlos, y dijo que se limitaba a leer el periódico *La Patria,* el que compraba en las cigarreras.

Los otros implicados trataron de minimizar el papel que cumplieron en el crimen y, en algunos casos, cometieron pequeñas traiciones para obtener una pena menor. Garay, por ejemplo, negó conocer el plan para subvertir el orden y afirmó que disparó su fusil en la

24. Ibíd.

Cámara de Diputados porque una multitud amenazante se aproximaba. Tal vez en represalia por las declaraciones de Elías Álvarez sobre los vínculos con Piérola, lo responsabilizó del plan para matar a Pardo. Alfredo Decourt, quien estuvo en el cuartel Guadalupe en el momento en que Montoya disparó contra Pardo, también negó estar implicado y solo admitió que en una ocasión fue a volar cometa con Montoya y Garay en el mencionado alfalfar de Chacritas, donde le invitaron cerveza. Allí le propusieron sublevar al batallón, pero rehúso colaborar con ellos y declaró que nunca le hablaron de asesinar a Pardo.

Manuel Poyta, el enlace entre los sargentos y la esposa de Piérola, intentando también minimizar su participación en el complot, admitió que conocía el propósito de su sobrino de matar a Pardo, y lo amonestó para que desistiera, pero no denunció la conspiración porque no creyó que fuera a cometer el crimen. El día del asesinato, Garay se apareció en su tienda y le reafirmó la determinación de concretar el plan, por lo cual buscó a su sobrino en el Senado para persuadirlo. La versión de Poyta no era creíble, porque, como señalamos, había confesado que estableció contacto con la esposa de Piérola y luego con Ampuero para obtener su apoyo. Poyta sería uno de los pocos sentenciados por el asesinato de Pardo.

Como Montoya y Garay trataron de incorporar a su conspiración al mayor número de sargentos del Pichincha, varios de ellos declararon cómo fueron contactados y confirmaron que los cabecillas eran los mencionados Montoya y Garay. El sargento Federico

Beraún confesó que, aunque le propusieron participar en el asesinato de Pardo a cambio de ser recompensado por el nuevo gobierno, se negó, pero no dio aviso a sus jefes por creer que se trataba de una "bufonada". El sargento Agustín Melgar señaló en su manifestación que, luego de que Montoya, con quien tenía cierta relación de amistad, le propusiera participar en el asesinato de Pardo, solicitó tiempo para meditarlo, pero dada la "gravedad del caso" rechazó la propuesta.

Aunque el estallido de la guerra con Chile opacó el proceso contra los sargentos, la Corte Superior sentenció a Montoya a la pena capital y a Garay, Decourt, Álvarez y Poyta a quince años de prisión. Estos apelaron ante la Corte Suprema, la que revisó el expediente y meses después dictó su veredicto para confirmar la pena de muerte para Melchor Montoya y penas de cárcel para los otros implicados. Poco antes de la sentencia de la Corte Suprema, el doctor Ampuero, el único político recluido en prisión y procesado por el asesinato de Pardo, envió una carta a la esposa de Poyta para que se retractara a cambio de dinero. Y en efecto, Poyta varió su manifestación para señalar que implicó a Ampuero porque fue torturado por el intendente de Policía. Ampuero fue absuelto por la Corte Suprema en mayo de 1880.

Cuando la Corte Suprema dictó su resolución, poco antes de que Lima cayera en manos de los chilenos, muchos pensaron que Piérola, quien finalmente había llegado al poder, conmutaría la pena de Montoya; pero no lo hizo, y fue fusilado la madrugada del 22 de septiembre en la Plazuela del Ángel, frente a la entrada del actual cementerio Presbítero Maestro. José Carlos Martin señala que pronunció estas palabras: "En los últimos instantes de mi vida, tengo el derecho de que se crean mis palabras y ante Dios y los hombres afirmo hoy que la muerte de D. Manuel Pardo, es única y exclusiva obra de mí, y en la cual no hay cómplices comprometidos en el crimen por el que se me castiga".[25]

Montoya se llevó a la tumba muchos secretos, pues diversos testimonios apuntaban a que los hilos de esta conspiración llegaban, por lo menos, a la esposa de Piérola.

Epílogo

Los partidarios de Manuel Pardo —y esto ha sido recogido por varios historiadores— señalan que si no hubiera sido asesinado la guerra con Chile se habría evitado o no habría tenido el mismo desenlace. José Carlos Martin, autor de *Manuel Pardo en Chile,* afirma: "Si no muere Pardo, la Guerra del Pacífico no hubiera tenido lugar o hubiese tenido otro resultado". Y Ramón Sabercaseaux, político y pintor chileno, anotó en sus memorias: "Y si no hubiera sido asesinado en 1878 [...] probablemente se habría llegado a un arreglo antes que al conflicto armado". La idea es sugestiva, pues nos conduce a un ejercicio de ucronía, a suponer cómo habría sido la historia sin un hecho tan significativo como la muerte del líder civilista.

Sin embargo, quienes se inclinan por esta conjetura olvidan varios elementos de análisis. La guerra tuvo su origen en la disputa por el control del salitre de Antofagasta (y el interés por Tarapacá), territorio que

25. Martin 1978: 74.

había sido colonizado de facto por las empresas y la población chilena, y que constituía una bomba de tiempo. Los Gobiernos de Perú, Bolivia y Chile eran conscientes de que la presencia chilena en Antofagasta sería un factor de conflictos, aunque solo Chile se preparó para la eventualidad de una guerra. Ya vimos que Pardo, por el contrario, se inclinaba por una solución diplomática, pero por esta vía poco se puede hacer sin el respaldo del poder militar, y fue ese poder el que se perdió con la cancelación de la compra de los dos blindados en el gobierno civilista. Pardo, el producto más acabado de las élites del siglo XIX, era un líder para tiempos de paz, no para los de guerra.

En realidad, lo que la muerte de Pardo venía a develar era la situación crítica en que nos atrapaba la guerra: la bonanza del guano no había permitido resolver el fraccionamiento político; por el contrario, las luchas intestinas entre civilistas, pierolistas y militares se explicaban por el deseo de controlar las arcas nacionales. Es decir, además de las ventajas de Chile en cuanto a su poder bélico, el Perú llegaba a la guerra desgarrado por las divisiones internas; y Pardo, debemos señalarlo, era parte de esa trama de contiendas políticas. Difícilmente, de haber llegado a 1879, se habría convertido en un factor de unificación de las facciones como sugieren sus partidarios. Es poco probable que Piérola, el irremediable conspirador, hubiera aceptado un acuerdo bajo la figura de Pardo. Las élites políticas estaban completamente absorbidas en sus disputas locales, mientras las ventajas que Chile encontraba en una guerra con el Perú eran demasiadas para no aprovecharlas y hacerse, además del salitre boliviano, con el salitre de Tarapacá.

Solo después de la tragedia de la guerra y ante el intento del general Andrés A. Cáceres de atornillarse en el poder, Piérola y los civilistas olvidarían las afrentas del pasado y se entenderán para imponer un gobierno civil. Surgido de los escombros de la guerra civil de 1894-1895, Piérola gobernará el Perú con el apoyo del civilismo y entregará el poder a Eduardo López de Romaña, con quien se iniciará el periodo conocido como la República Aristocrática, durante el que los civilistas, herederos políticos de Pardo, gobernarán el Perú bajo una relativa estabilidad.

Luis Miguel Sánchez Cerro (Piura, 1889 - Lima, 1933).
Fuente: Biblioteca Nacional del Perú.

Luis M. Sánchez Cerro: autoritarismo y conservadurismo popular

Descrito por la prensa como mestizo, de baja estatura y "mal trajeado", el hombre que disparó contra el presidente Luis Miguel Sánchez Cerro se llamaba Abelardo Mendoza Leyva. Natural de Cerro de Pasco, llegó a Lima muy pequeño, donde realizó trabajos diversos: ayudante de la bodega de José Palestra, mozo en el bar La Piñita, cocinero en una fonda de Miraflores y peón de la Escuela de Agricultura. En el tiempo en que mató a Sánchez Cerro dormía en el local de la Federación Gráfica, ayudado por Pedro Catalino Lévano, conserje de esa entidad y sindicalista aprista a quien se acusó de haberlo instigado a cometer el crimen. Allí estuvo la noche del 29 de abril de 1933, la víspera del asesinato, de donde salió al día siguiente muy temprano. Vestía camisa a rayas, pantalón azul marino y zapatos amarillos. Mendoza Leyva hizo a pie el trayecto al hipódromo de Santa Beatriz, actual Campo de Marte, donde se mezcló con la multitud. Aquel día, cerca de treinta mil efectivos de las Fuerzas Armadas desfilaban en calidad de "movilizados" ante la prevención de una guerra con Colombia.

Sánchez Cerro estuvo en la tribuna oficial observando el paso de la tropa, y allí permaneció poco menos de una hora. Participó de un coctel en el bar de la tribuna y concluida la ceremonia descendió entre los aplausos de la muchedumbre. Una banda de músicos y una marcha de banderas anunciaron que el presidente se retiraba. Subió a un automóvil Hispano Suiza descubierto. A su lado izquierdo iba José Matías Manzanilla, presidente del Consejo de Ministros y político excivilista. Una escolta de ocho "batidores" presidía el auto del mandatario. Sánchez Cerro era sensible a la devoción popular, y ordenó al chofer que avanzara lentamente porque la gente se esforzaba por saludarlo: "Varias mujeres y hombres iban a paso ligero, casi lanzándose encima del carro, aplaudiendo al General Sánchez Cerro".[1] Detrás iba un Cadillac cerrado que llevaba a los miembros de la Casa Militar. Cuando el auto presidencial se hubo apartado unos metros de la puerta del hipódromo, Mendoza Leyva irrumpió de entre la multitud y se abalanzó sobre el vehículo en marcha. Revólver en mano, se apoyó en la capota y descargó varios tiros a quemarropa y por la espalda. Al escuchar las detonaciones, el ministro Manzanilla se volvió hacia Sánchez Cerro y le preguntó: "¿Está usted herido?". El presidente le contestó "sí" y cayó sobre sus rodillas. De acuerdo con el peritaje que se le practicó había recibido tres tiros.

El edecán del presidente y varios gendarmes sacaron sus revólveres y dispararon contra el asesino, quien cayó de bruces ensangrentado y en el suelo fue rematado por

---

1. *El Comercio*, 1 de mayo de 1933.

la guardia presidencial. El cabo Juan Acuña relató que disparó su fusil "sobre un hombre que se encontraba en el suelo y sobre quien disparaban sus demás compañeros".[2] Otros también debieron atacar a Mendoza Leyva porque de las veinte heridas que se le encontraron cuatro eran de arma cortante; una de ellas fue una lanza. Aunque la gente entró en pánico y corrió despavorida, solo hubo tres heridos civiles. El asesino no estuvo solo. Cuando era repelido por los edecanes, disparos provenientes de las inmediaciones mataron al soldado Rodríguez Pisco e hirieron a un subteniente y cuatro soldados. El comandante Vargas Prada, testigo cercano del crimen, afirmó haber visto detrás de una palmera a varios individuos haciendo "nutrido fuego de revólveres contra los que luchaban con el asesino, matando a un gendarme e hiriendo gravemente a otro".[3] El peritaje del auto presidencial certificó el impacto de ocho disparos.

Sánchez Cerro fue conducido al Hospital Italiano, de la avenida Abancay, donde los médicos que lo atendieron poco pudieron hacer porque su estado era de agonía. El doctor Carlos Brignardello, testigo de la escena, declaró que una de las balas le rasgó el corazón, pues observó una gran mancha de sangre en el lado izquierdo de la camisa. El deceso se produjo a la 1:10 de la tarde del 30 de abril; Sánchez Cerro tenía 43 años. Sus partidarios se aglomeraron alrededor del hospital. Grupos de personas y curiosos se concentraron en la plaza San Martín, en la plazuela de La Merced y en la avenida

2. *El Comercio,* 30 de abril de 1933.

3. *El Comercio,* 1 de mayo de 1933.

Sánchez Cerro, vestido de civil, poco tiempo antes de su asesinato.
Fuente: Getty images.

Arequipa. El gabinete de ministros asumió el gobierno y ordenó el Estado de sitio, situación que suspendió algunos derechos constitucionales. Los establecimientos públicos cerraron sus puertas y se cancelaron los espectáculos. Pronto se supo que Mendoza Leyva era aprista, luego de ser reconocido por el investigador de la Policía que dos semanas antes lo había detenido y fichado en las oficinas de la Brigada Criminal. Las huellas digitales tomadas del cadáver, conducido al cuartel Sexto, coincidieron con una ficha de la Intendencia de Lima.

La opinión pública empezó a murmurar contra el APRA. Todos recordaban que un año antes, el 6 de marzo de 1932, un "sectario del aprismo" atentó contra Sánchez Cerro mientras asistía a una misa en la iglesia de Miraflores. El misionero y filósofo escocés John A. Mackay cuenta que un grupo de exaltados sanchezcerristas se propusieron matar al líder del APRA, Víctor Raúl Haya de la Torre, quien estaba recluido en el Panóptico de Lima (situado en el lugar que ocupa actualmente el hotel Sheraton). Por tal motivo Mackay y el ministro de Inglaterra buscaron al general Óscar R. Benavides y solicitaron garantías para la vida de Haya de la Torre. Luis Alberto Sánchez afirma que Benavides cambió al director de la penitenciaria, colocando a un hombre de su confianza para evitar que atentaran contra la vida del líder aprista. Y Juan Seoane señala que a la celda de Haya se le colocó dos candados; una llave la tuvo el director y la otra el propio Haya de la Torre. La Policía se desplazó entonces por las principales avenidas y plazas de la capital en prevención de disturbios.

El Congreso sesionó de emergencia y eligió al general Óscar R. Benavides, jefe del Consejo Nacional de

Defensa, para culminar el mandato de Sánchez Cerro. Cerca de las 6:30 de la tarde una comisión de congresistas fue a comunicar a Benavides su designación. Rápidamente los sectores políticos, con excepción de los parlamentarios socialistas y descentralistas, se pronunciaron a favor de dicha elección. En *El Comercio* se señaló que la medida era acertada dada la gravedad de la situación: "En estos momentos la elección del General Benavides constituye un acto patriótico del Parlamento, porque pone el Gobierno en manos de un ciudadano de autoridad moral en el país y de honrosos antecedentes militares y políticos".[4] Benavides, quien anteriormente había sido presidente entre 1914 y 1915 en reemplazo del derrocado Guillermo Billinghurst, asumió el Gobierno cuando se vivía el ascenso de los movimientos sociales y de los partidos de masas como el APRA al mismo tiempo que las secuelas de la Gran Depresión. Ahora, sin embargo, llegaba al poder como consecuencia del asesinato de Sánchez Cerro, y esto le dio un margen de maniobra para aplicar mano dura y consolidar su posición en el Gobierno y en la política nacional. Pero volvamos un momento a los inicios de Sánchez Cerro, su trayectoria militar y su ascenso al poder antes de continuar con nuestro relato.

La formación de un caudillo

Luis Miguel Sánchez Cerro llegó al mundo en la ciudad de Piura, en el barrio de Tacalá, el 12 de agosto de 1889. Sus padres fueron el escribano Antonio Sánchez y Rosa

---

4. *El Comercio,* 1 de mayo de 1933.

Cerro, perteneciente a la élite piurana. Era nieto por línea paterna de un prestigioso notario de la ciudad y un tío materno fue varias veces senador por Piura, además de hombre de empresa y dueño de diarios en Trujillo y Piura. Basadre señala que su fisonomía tenía rasgos de la gente popular del norte costero, y por ello mucha gente del pueblo —después de varios gobiernos criollo-civilistas— se identificó con él. Wilfredo Kapsoli afirma que sus antepasados fueron esclavos negros de Madagascar que se instalaron en el barrio la Mangachería, en Piura; sin embargo, socialmente Sánchez Cerro pertenecía a las clases medias provincianas. Realizó estudios escolares en el Colegio de San Miguel, donde tuvo como compañero al historiador y político Luis Antonio Eguiguren, a quien designaría durante su gobierno Alcalde de Lima. De acuerdo con Carlos Miró Quesada, el destino de los jóvenes impetuosos de la época se encontraba en Lima, por lo que Sánchez Cerro dejó su ciudad natal en febrero de 1906 para ingresar a la Escuela Militar de Chorrillos. Aunque en su historial académico no se registran hechos sobresalientes, un incidente a fines de 1908 parece indicar que en algo debió destacar para sus compañeros, cuando apareció en *La Prensa* un artículo titulado "Ejército y Armada", tomado como ofensivo por los alumnos de la Escuela Militar. Los cadetes firmaron entonces un acta por la que designaron a Sánchez Cerro como delegado para exigir al redactor del artículo, Pedro Ruiz Bravo, las satisfacciones del caso.

De la Escuela Militar egresó en febrero de 1910 con el grado de subteniente e inició su servicio en el regimiento de Sullana, en la frontera norte; luego fue derivado a Sicuani como oficial de regimiento. Dos años

El presidente Luis M. Sánchez Cerro en el automóvil
en el que fue asesinado. *Fuente:* Repositorio de la PUCP.

después regresó a Lima y se incorporó, con el grado de teniente, al batallón de ingeniería, donde permaneció hasta el 4 de febrero de 1914, fecha en la que participó del asalto al Palacio de Gobierno para derrocar al presidente Guillermo Billinghurst. Aquí es cuando la vida de Sánchez Cerro experimentó un viraje porque se convirtió en un conspirador y, probablemente, empezó a acariciar la idea de hacerse algún día del sillón presidencial. En el asalto se enfrentó a tiros con la guardia presidencial y recibió cinco heridas, la más seria en el brazo derecho. Una de las balas le destrozó el dedo índice, por lo que el médico Alfredo Parodi se lo amputó en una botica en la esquina de los jirones Lampa y Cusco; de allí proviene su apodo de "el Mocho". La asonada militar defenestró a Billinghurst y colocó en el poder al mencionado general Óscar R. Benavides. Sánchez Cerro debió inferir que estaba en el lugar correcto y que el Ejército era para hombres como él el camino más corto para llegar a Palacio de Gobierno. Sus superiores percibieron su talante conspirador, pues si bien se le ascendió a capitán, fue adscrito al Estado Mayor, lejos del mando de tropas. En febrero de 1915 fue designado adjunto militar en Washington y abandonó el país.

Regresó al Perú pocos meses después y sirvió como capitán del Servicio Geográfico del Ejército. En octubre se le devolvió la conducción de tropas en el regimiento de infantería de Arequipa, pero fue constantemente rotado por otros departamentos para evitar que desarrollara vínculos personales con los soldados. La fama de conspirador lo convirtió así en un "militar errante": en julio de 1916 fue destacado en la jefatura provincial de Carabaya y al año siguiente retornó nuevamente a Arequipa; y para junio de 1918 estuvo en la guarnición de Loreto en resguardo de la frontera nororiental. Allí es donde adquirió cierta celebridad por una acción de coraje. El hecho, relatado por Luis Alayza y Paz Soldán, señala que Sánchez Cerro encontró a unos cincuenta soldados ecuatorianos al mando del teniente Miguel Bonilla estableciendo una base militar en una ribera del Huasaga, afluente del río Pastaza, en una suerte de penetración silenciosa. Sin perder tiempo Sánchez Cerro se dirigió a la hacienda más cercana, armó como pudo a los campesinos y se presentó pistola en mano ante los soldados de Bonilla para exigirles la retirada. Por lo demás, Sánchez Cerro tuvo la astucia de llamar teniente a su sargento primero para dar a entender que estaba al mando de toda una compañía. Los ecuatorianos dudaron por unos momentos, pero finalmente evacuaron el lugar. La noticia, confirmada por un telegrama del prefecto de Loreto al ministro de Relaciones Exteriores, fue difundida en la prensa y Sánchez Cerro ganó una momentánea notoriedad.

Estuvo en Cusco el 21 de agosto de 1922 cuando consideró que había llegado su hora y se pronunció contra el gobierno de Augusto B. Leguía, quien estaba en el poder desde 1919. En los primeros años de su mandato conocido como el Oncenio, Leguía asumió una postura reformista y modernizadora, enfrentándose a los civilistas, su antiguo partido, por lo que tuvo que encarar conspiraciones y asonadas militares. Este fue el contexto en el que se produjo la sublevación de Sánchez Cerro. Sin embargo, en los otros departamentos, los militares comprometidos no lograron soliviantar a los destacamentos, y la asonada fue rápidamente sofocada. Sánchez Cerro resultó herido de gravedad y enviado a prisión en Taquile, una isla en medio del lago Titicaca, para más tarde ser trasladado a la isla San Lorenzo. Meses después obtuvo su libertad, pero estuvo sin destino militar, aunque nominalmente fue comisionado en el Estado Mayor. Permaneció así en una suerte de limbo, dedicado a la venta de carbón. Se dice que en 1923 un mayordomo de Palacio de Gobierno amigo suyo le consiguió una entrevista con Leguía, quien decidió reincorporarlo al Ejército como ayudante del ministro de Guerra, Alberto Piedra. En 1924 Piedra lo designó comandante del batallón de colonización de Madre de Dios con la misión de someter a los soldados declarados en desobediencia y conducirlos al Cusco. Le otorgaron el mando de un destacamento de infantería de Sicuani, pero Sánchez Cerro solicitó viajar solo. Retornó con el batallón de Madre de Dios bajo disciplina y devolvió a la Intendencia General de Guerra casi 1600 libras peruanas. Sin embargo, su proeza no logró disipar las suspicacias que las autoridades tenían sobre él, y no se le permitió regresar a Sicuani.

Al siguiente año fue nombrado jefe provincial de Cajatambo, en la sierra de Lima, pero rechazó el cargo, por lo que fue designado en misión de estudios en el ejército de Italia con orden de viajar inmediatamente. Luego, entre 1926 y enero de 1929, se encontró de misión en Francia. Sus partidarios señalan que entonces se enroló en el ejército español y peleó 14 meses en la guerra de Marruecos, en la campaña del Riff, pero Basadre señala categóricamente que no es cierto. El 15 de enero de 1929 regresó al Perú presumiendo que hablaba francés y fue designado jefe provincial en el Alto Amazonas, cargo que dejó al poco tiempo para asumir la jefatura del batallón Zapadores de Arequipa. Nuevamente, Sánchez Cerro tenía mando de tropas y se preparaba secretamente para sublevarse contra Leguía, quien se hizo elegir presidente por un tercer periodo como candidato único aunque sin la fuerza de sus primeros años. En 1929 Leguía era un hombre con 66 años, desgastado por el poder, que se sostenía por su prestigio de modernizador y por el eficiente aparato policial que perseguía y encarcelaba a sus opositores. Sin embargo, diversos grupos civiles y militares estaban prestos a conspirar llegada la primera oportunidad, lo que ocurrió poco después, cuando se produjo la Gran Depresión. De acuerdo con algunos testimonios, el traslado de Sánchez Cerro a Arequipa se debió a la gestión de Foción Mariátegui, hombre de confianza de Leguía, con el cual estaba emparentado por parte de su esposa, Julia Swayne y Mariátegui.

Sánchez Cerro aparentó todo el tiempo lealtad al Gobierno, hasta el punto de que *La Prensa* publicó el 26 de octubre de 1929 el telegrama en el que felicitó a Leguía por continuar por el rumbo del "progreso y engrandecimiento nacional". En el mismo diario, el 3 de mayo de 1930, se publicó también un telegrama de Sánchez Cerro en protesta contra el atentado sufrido por el presidente.

En marzo de 1930, Sánchez Cerro fue ascendido al grado de comandante. Leguía cuenta en sus memorias que, al firmar la resolución, Foción Mariátegui y el general Manuel María Ponce le dieron todo tipo de seguridades sobre la lealtad de Sánchez Cerro. Leguía sugiere que Mariátegui era parte de una conspiración, pues tuvo noticias de que viajó a Arequipa con el pretexto de tomar baños termales, pero en realidad se reunió con el caudillo piurano. Las insurrecciones podían estallar en cualquier destacamento militar, pues el malestar social y político estaba creciendo. Se sabía que en Lima se preparaba una para septiembre y que una expedición de un grupo de desterrados con armas se dirigía al Perú: "Todo parece indicar que el régimen de Leguía no habría sobrevivido al año de 1930", dice Basadre. Sánchez Cerro creyó entonces que su momento había llegado y que estaba en el lugar correcto: Arequipa era la ciudad donde, a lo largo de la historia republicana, se iniciaron revoluciones exitosas, y decidió adelantarse a otros conspiradores.

La revolución de Arequipa

El levantamiento de Arequipa estaba preparado para el 30 de agosto de 1930, pero tuvo que ser adelantado porque el plan se filtró al Gobierno. El día 21 varios de los militares comprometidos fueron llamados a la Prefectura, pero no asistieron ante el temor de ser arrestados. Decidieron entonces sublevarse durante las maniobras del día siguiente. Y en efecto, la mañana del 22 de agosto Sánchez Cerro formó a las tropas para las maniobras de campo, pero en lugar de dictar las órdenes habituales pronunció una arenga política y los invitó a sumarse a su movimiento. Una vez asegurada la adhesión de sus soldados, se dirigió a tomar la ciudad, donde los civiles que lo apoyaban tenían preparado un recibimiento popular. Aunque hubo resistencia de la Guardia Civil, la población se sumó entusiasta a la sublevación. Al día siguiente, la guarnición de Puno se pronunció en apoyo de los sublevados, con lo cual el control del sur andino quedó asegurado. A continuación, Sánchez Cerro emitió un decreto por el que se autonombraba comandante en jefe del Ejército del Sur y jefe de Gobierno. Designó a seis secretarios, entre ellos al jurista arequipeño José Luis Bustamante y Rivero, futuro presidente del Frente Nacional, a quien se le atribuye la autoría del famoso manifiesto de Arequipa.

Las noticias llegaron inmediatamente a Lima: el sábado 23 los diarios difundieron los detalles de la sublevación. Leguía, en un intento de aislar a los insurrectos, ordenó la clausura del puerto de Mollendo y prohibió los vuelos a Arequipa; se llegó a decir incluso que el gobierno mandaría aviones para bombardear la ciudad.

Sin embargo, Leguía sopesó la situación y, al comprobar que la lealtad de los oficiales no era unánime, optó por una salida transicional: anunció la designación de un gabinete militar y que presentaría su dimisión al Congreso. La tarde del 24 asistió al hipódromo de Santa Beatriz; se dice que ganó dos carreras y que parecía tranquilo. Allí fueron a buscarlo sus partidarios para informarle que la capital estaba intranquila y que circulaban rumores de sublevación en los cuarteles. En el trayecto de retorno a Palacio se escucharon gritos y disparos. Redactó en su despacho la lista del "gabinete militar", presidido por el general Fernando Sarmiento, pero ya había perdido el control del Ejército: un centenar de oficiales de Lima sesionaba en el Estado Mayor para elegir una Junta Militar que gobernara. Estos oficiales irrumpieron en Palacio de Gobierno en la madrugada del día 25, despertaron a Leguía y lo conminaron a renunciar. El presidente había desistido de luchar, y leyó la carta de renuncia que tenía preparada para el Congreso. De inmediato, los oficiales nombraron una Junta Militar presidida por el general Manuel María Ponce. Leguía se retiró luego de Palacio por una puerta lateral a poco más de las cinco de la tarde. El embajador de Chile le ofreció asilo en su residencia, pero prefirió dirigirse al Callao, donde abordó el *Grau*. Su edecán Teodosio Cabada era uno de sus escasos acompañantes.

El general Ponce representaba una facción del ejército alternativo al de Arequipa, pero no concitó el respaldo de la población ni de las propias bases militares, en su mayoría afectas a Sánchez Cerro. Por el contrario, su acción se percibió como una maniobra oportunista y alevosa contra los militares y civiles que desde Arequipa se arriesgaron a levantar el sur para acabar con once años de gobierno leguiista. Posteriormente, en el vacío de poder de esos días, una multitud salió a las calles, asaltó la residencia del expresidente y destrozó e incineró sus pertenencias. El pueblo que meses antes lo había aclamado en las celebraciones del carnaval o en las Fiestas Patrias pedía ahora su cabeza y maldecía los tiempos del Oncenio. El ataque y saqueo se repitió en las casas de los más destacados personajes del leguiismo y del diario *La Prensa*. Sánchez Cerro captó la situación, envió un telegrama a la Junta Militar por el que desconocía a Ponce y demandó retener a Leguía en el Perú. El exmandatario fue recluido en la isla San Lorenzo, a cuyas celdas había enviado a sus numerosos opositores políticos y líderes sindicales, y días después era trasladado a la Penitenciaría de Lima, donde estuvo incomunicado y sin asistencia médica a pesar de que adolecía de una inflamación prostática que terminó minando su cuerpo. Recién en noviembre de 1931 fue llevado a la Clínica Naval de Bellavista para que se le practique una operación. Así, inclusive en su declive, el expresidente concitaba la animosidad de sus enemigos políticos: alguien lanzó cartuchos de dinamita a unos metros de su habitación. Leguía murió el 6 de febrero de 1932, a los 69 años.

Sánchez Cerro voló a Lima en un avión piloteado por Elmer Faucett el mismo 25 de agosto y aterrizó en los campos del Country Club. En la ciudad le esperaba una multitud de más de ochenta mil personas en una manifestación nunca antes vista.[5] Dos días después for-

---

5. Basadre 1983: 177.

mó su propia Junta Militar y dictó un decreto por el cual la Junta asumía los poderes Ejecutivo y Legislativo. Los miembros de la Corte Suprema, así como los vocales y fiscales que tenían vínculos políticos con Leguía, fueron destituidos, mientras el arzobispo de Lima Emilio Lissón, identificado con el régimen leguiista, se vio obligado a abandonar el país. Sánchez Cerro realizó una *razzia* en los poderes del Estado y entre los funcionarios públicos. Incluso un intelectual prestigioso como Julio C. Tello fue destituido de la dirección del Museo de Arqueología Peruana que él mismo había fundado. No obstante, la persecución sistemática de los partidarios de Leguía se hizo por medio del Tribunal de Sanción, que llevó a cabo un publicitado proceso contra Juan Leguía, hijo del expresidente, quien fue denunciado en la Cámara de Representantes de los Estados Unidos en enero de 1932 en las sesiones dedicadas a la política de empréstitos norteamericana. A Juan Leguía se le acusó de cobrar comisiones ilegales y concertar créditos para obras con costos sobrevalorados.

El Perú que recibió Sánchez Cerro era muy diferente al que Leguía encontró en 1919. En materia política el gobierno de Leguía fue un vendaval que liquidó las estructuras políticas que venían de la posguerra del Pacífico: el Partido Civil, fundado por Manuel Pardo; el Partido Constitucional, creado por el general Andrés A. Cáceres; y el Partido Demócrata, forjado por Nicolás de Piérola, no sobrevivieron a once años de persecución, destierro y hostigamiento de sus líderes de parte del leguiismo. Se cerró y abrió de esta manera un nuevo ciclo partidario: surgieron los partidos de masas como el APRA y el Partido Socialista, junto con nuevos

Al centro, vestido con su uniforme militar, Sánchez Cerro flanqueado por Antonio Eguiguren y José Matías Manzanilla.
Fuente: Repositorio de la PUCP.

liderazgos: los de Víctor Raúl Haya de la Torre y José Carlos Mariátegui. En el terreno social, el leguiismo alteró la morfología de las clases sociales: la modernización económica incrementó la población obrera y las clases medias; gracias al ensanchamiento del Estado, crecieron y se movilizaron políticamente. Asimismo, nuevas corrientes ideológicas, como el anarquismo, el socialismo y el aprismo se difundieron en revistas y periódicos, y se tradujeron en numerosas organizaciones sindicales y gremiales, en su mayoría críticas de la oligarquía.

Ahora bien, en este contexto Sánchez Cerro necesitaba legitimar su autoridad y organizar sus bases de apoyo: en noviembre de 1930 convocó a elecciones presidenciales y a una Asamblea Constituyente. Sin embargo, la decisión de postular a la Presidencia causó conmoción entre sus opositores civiles y militares, pues tendría la ventaja de ser un presidente-candidato. El diario *El Perú*, que agrupó a varios intelectuales como Raúl Porras Barrenechea y Jorge Basadre, criticó las intenciones de Sánchez Cerro, y diversos esfuerzos se llevaron a cabo para sacarlo del poder. El 20 de febrero de 1931 estalló una sublevación militar-policial en el castillo del Real Felipe y hubo un intento de asaltar Palacio de Gobierno. La asonada fracasó rápidamente gracias a los militares leales a Sánchez Cerro y a la población chalaca, que se opuso a los rebeldes. Casi simultáneamente se produjo un alzamiento en Arequipa, liderado por Manuel J. Bustamante, que promovió al viejo político pierolista David Samanez Ocampo; igualmente, brotes subversivos aparecieron en Piura y Lambayeque. Por su parte, la Marina se pronunció a favor de la formación de una Junta de Gobierno encabezada por el presidente de la Corte Suprema, Ricardo Leoncio Elías. El panorama era el de un país al borde de la guerra civil. Aníbal Quijano sugiere que en esos momentos el Perú estuvo lo más cerca a una situación prerrevolucionaria. Sánchez Cerro, tal vez consciente de esa eventualidad, convocó el 1 de marzo a los representantes de los sectores políticos y sociales para dimitir. Concurrieron 45 delegados; los únicos que no asistieron fueron el Partido Comunista y los representantes obreros. De aquella asamblea se formó una Junta de Gobierno encabezada por el presidente de la Corte Suprema Ricardo Leoncio Elías mientras Sánchez Cerro se hospedó en el hotel Bolívar, donde las multitudes se aglomeraron para ovacionarlo. Poco después partió a Europa.

Por unos días, tres facciones se disputaron el gobierno: Samanez Ocampo, respaldado por el movimiento de Arequipa; el mencionado Elías, apoyado por la Marina, y el comandante Gustavo Jiménez, patrocinado por una facción del Ejército. La situación se resolvió a favor de Samanez Ocampo, quien viajó a Lima el 11 de marzo para presidir la Junta, de la que Jiménez fue su ministro de Guerra. De acuerdo con Basadre, Samanez Ocampo nunca usó la banda presidencial, y a quienes le preguntaban el motivo respondía: "La banda la lleva el Presidente Constitucional de la República, no el Presidente de una Junta". Samanez Ocampo tenía 68 años.

La formación de la Junta Nacional de Gobierno no detuvo las conmociones políticas. El 23 de marzo hubo un motín de sargentos y soldados en el cuartel de Santa Catalina, cuyo líder fue el sargento Víctor Faustino Huapaya, de oficio carpintero antes de ingresar al Ejército e hijo de una indígena de Pachacamac que expendía verduras en el mercado de Chorrillos. Los amotinados tomaron prisioneros a los oficiales reunidos en el comedor y salieron a las calles a bordo de tanques y disparando sus armas, mas sin un plan determinado. Se desplazaron para tomar el Ministerio de Gobierno, pero fueron repelidos por la Guardia Republicana. Aunque tomaron las torres de la Basílica y de las iglesias de la Merced y Santo Domingo, cuando se aproximaron a Palacio de Gobierno fueron repelidos por tropas que los superaban en número, y retornaron al cuartel.

Rodeados por la artillería del Ejército y por la Guardia Civil, los rebeldes presentaron una petición de reclamos que incluía el fusilamiento de Leguía. El cuartel fue bombardeado por dos aviones hasta que se rindieron. Huapaya fue condenado a veinte años de cárcel, aunque poco después se le amnistió.

Las elecciones de 1931

En este escenario se produjo la campaña electoral de 1931, suceso que determinó el antagonismo irreconciliable entre el Partido Aprista, de Haya de la Torre, y la Unión Revolucionaria (UR), de Sánchez Cerro. La UR, recientemente estudiada por Tirso Molinari, se formó principalmente por obra de Luis A. Flores, político piurano quien constituyó un verdadero partido de masas con clubes locales y asociaciones populares. Los seguidores de ambos líderes organizaron concentraciones multitudinarias y se enfrentaron en las calles. Ambos estaban en el extranjero y llegaron al Perú para liderar sus respectivos movimientos de masas. Sánchez Cerro residía en Francia, y cuando quiso visar su pasaporte le fue denegado por órdenes de la Junta de Gobierno. No obstante, el caudillo piurano se embarcó rumbo al Perú y dirigió un ultimátum al Gobierno para exigir su ingreso al país. Con la intervención del general Óscar R. Benavides, el Gobierno autorizó su viaje, y el 2 de julio Sánchez Cerro llegó al Callao, donde fue recibido por una multitud de seguidores de la UR. El caudillo piurano tenía la ventaja de su apariencia de hombre de pueblo y de haber sido quien derrocó a Leguía. "Ni en el tormentoso siglo XIX había nadie que pareciera con carne tan peruana y tan del pueblo como Sánchez Cerro", señala Basadre.

Un mes después Haya de la Torre, quien tenía la edad mínima para postular, desembarcó en Talara. El líder aprista vivía en el exilio desde 1923, cuando fue deportado por Leguía, y aunque había mantenido vivo su nombre con sus escritos y la propagada política de sus partidarios, muy pocos lo habían visto en persona. Haya de la Torre recorrió las ciudades del norte, y en Trujillo, su ciudad natal, realizó una manifestación multitudinaria. A Lima llegó el 15 de agosto, donde sus partidarios le organizaron un mitin de recibimiento en la plaza San Martín. Días después pronunció la célebre conferencia en la Plaza de Acho, en la que por primera vez se cobró entrada para escuchar a un político, y donde Haya expuso el "programa mínimo" del APRA. El líder aprista tenía la ventaja de su juventud, de una oratoria impecable, de una organización disciplinada y de encarnar el cambio que diversos políticos e intelectuales de la sociedad reclamaban.

Ambas candidaturas eran populares. Así como Haya de la Torre convocaba multitudes, el caudillo piurano tenía arrastre popular, y en su manifestación del 22 de agosto desfilaron cerca de cincuenta mil personas. Al pasar por el cuartel de San Lázaro, los soldados reunidos en los techos aplaudían a los manifestantes de la UR. Los grupos económicos apoyaron a Sánchez Cerro porque, ante la perspectiva de una victoria aprista, era el "mal menor"; se sumaron también varios políticos civilistas que vieron su oportunidad para volver a las esferas del Gobierno. Aunque con respaldo entre el pueblo, Sánchez Cerro se convirtió en el candidato de los grupos conservadores que deseaban cerrar el paso a Haya de la Torre. Varios grandes propietarios, como el hacendado norteño Ismael Aspíllaga, que apoyaron inicialmente al candidato Arturo Osores, exministro de Leguía y exiliado por conspiración, se volcaron a sostener la campaña de Sánchez Cerro.

Los resultados fueron: 152.062 votos para Sánchez Cerro, 106.007 para Haya de la Torre. José María de la Jara y Ureta, cuya candidatura fue apoyada por el pequeño Partido Descentralista que obtuvo algunos escaños en el Congreso, obtuvo, 21.950 votos, mientras que Arturo Osores, un viejo político cacerista, alcanzó 19.640. Los apristas no aceptaron su derrota, denunciaron fraude y solicitaron la nulidad de los comicios, pero la Junta de Samanez Ocampo no accedió. Se produjeron luego diversas manifestaciones y enfrentamientos con la Policía en Lima y en las ciudades del interior. Los apristas, que denominaron a Haya de la Torre "presidente moral del Perú", se prepararon para oponerse al Gobierno y, eventualmente, frustrar la transferencia de mando. Es difícil y tal vez innecesario establecer quién inició los ataques (apristas y sanchezcerristas se acusaron mutuamente), pero los días previos a la asunción de Sánchez Cerro hubo intentos fallidos de rebelión en los cuarteles. En La Libertad, en vísperas de la inauguración del nuevo Gobierno, se declaró una huelga de trabajadores para protestar contra Sánchez Cerro. En Cajamarca, Nazario Chávez, director del periódico *El Perú,* encabezó el asalto de la jefatura departamental, se apoderó de fusiles y atacó la prefectura. Similares disturbios se registraron en Huánuco, Ayacucho, Huacho y Chosica.

Luis M. Sánchez Cerro dirigiéndose a la multitud
(Arequipa, agosto de 1930).
Fuente: Biblioteca Nacional del Perú.

No obstante, Sánchez Cerro fue investido con el mando presidencial y se dispuso a gobernar con mano firme.

Las disputas entre apristas y sanchezcerristas se iniciaron el mismo día de la transferencia presidencial, el 8 de diciembre de 1931. Mientras que el presidente del Congreso Luis A. Eguiguren colocaba la banda presidencial a Sánchez Cerro, Haya de la Torre pronunciaba un discurso en Trujillo en el cual afirmó: "El Perú vuelve desde ahora al imperio del despotismo". Los representantes apristas, quienes ocupaban 22 escaños, no asistieron a la ceremonia de investidura, desairando al líder piurano. Poco después, el 24 de diciembre, se produjo un incidente violento que en los meses siguientes llevaría al gobierno y al Partido Aprista a una guerra no declarada: los apristas organizaron una chocolatada en su local de Trujillo; la Policía intentó desalojar a los concurrentes con el saldo de cuatro muertos, y esa noche el carro que usaba Haya de la Torre fue abaleado. De acuerdo con Luis Alberto Sánchez, Haya fue alertado del atentado y por eso salvó de morir. Los representantes apristas en el Congreso protestaron contra el ministro de Gobierno. En Chiclayo, Cajamarca, Hualgayoc y otros lugares también se produjeron manifestaciones contra el Gobierno. La respuesta del ministro José Manuel García fue el proyecto de ley de emergencia que cercenaba las libertades públicas, debatido el 8 de enero de 1932. Los apristas y los descentralistas solicitaron la presencia del ministro, pero Clemente Revilla, quien presidía la sesión, los rechazó sin proceder a la votación nominal. La sesión acabó en disputas verbales y conatos de violencia, y la Policía llegó a intervenir en los forcejeos. La ley de emergencia fue aprobada y promulgada al día siguiente.

Esta norma incrementó la tensión en la política nacional, ya que se convirtió en el arma para perseguir a los apristas e inclusive para desterrar a sus representantes del Congreso. Se clausuró así la Universidad Popular González Prada de Chacra Colorada y el local central del Partido Aprista en el Callao. Se multó también, con el propósito de propiciar su cierre, a los periódicos *La Noche* y *Buen Humor*, así como a varias revistas de Lima y provincias. A las protestas apristas se sumó el pronunciamiento del Colegio de Abogados de Arequipa y la convocatoria de la Confederación General de Trabajadores del Perú (CGTP) a una huelga, a la que se plegó la Federación de Estudiantes de San Marcos. El 15 de febrero los representantes Carlos Doig Lora, descentralista, y Gustavo Neuhaus, aprista, comunicaron vía telefónica al presidente del Congreso que sus viviendas estaban rodeadas por la Policía. Eguiguren trató de interceder ante el ministro de Gobierno y ante el propio Sánchez Cerro, pero poco pudo contra los planes de arrestar a un grupo de representantes apristas y descentralistas: saliendo del recinto congresal, fueron apresados Arturo Sabroso y Vallejos Zavala. Eguiguren, con la esperanza de que se apaciguaran los ánimos, suspendió las labores del Congreso por dos días. El 17 de febrero, sin embargo, la Policía rodeó el Parlamento y arrestó a Luis Alberto Sánchez, Carlos Manuel Cox y otros once representantes. Prácticamente se mutiló a la bancada aprista.

A la sesión parlamentaria del 18 de febrero, presidida por Clemente Revilla debido a la inasistencia de Eguiguren —pues se afirma que hubo una orden para impedir su ingreso al recinto legislativo—, asistió el consejo de ministros, encabezado por Francisco R. Lanatta. Los representantes apristas Pedro Muñiz, Alcides Espelucín y Héctor Morey Peña lograron burlar la vigilancia de la Policía y llegaron a sus escaños. El ministro Luis A. Flores habló de la existencia de un ambiente subversivo en el país y de una conspiración para asesinar a Sánchez Cerro. Acusó a los apristas y a Gustavo Jiménez (deportado en Chile) de estar detrás de dicho complot. Los apristas rechazaron las imputaciones y se sostuvo un debate plagado de agresiones verbales. Días después, el Ejecutivo envió al Congreso una lista de 23 parlamentarios a quienes, de acuerdo con la ley de emergencia, se les impuso pena de expatriación. Excepto por Víctor Colina, representante descentralista, todos eran apristas. El régimen también deportó a los periodistas Federico More y Clemente Palma. Los congresistas descentralistas convinieron, dada la falta de garantías, en no asistir a las sesiones en protesta por la deportación de sus colegas. No obstante, decidieron retornar el 1 de marzo junto con el presidente Luis A. Eguiguren.

El primer atentado contra Sánchez Cerro

La respuesta aprista a la represión gubernamental llegó el domingo 6 de marzo de 1932 en forma de un atentado contra la vida de Sánchez Cerro. Al promediar el mediodía, el caudillo piurano llegó a la iglesia de Miraflores, distrito donde fijó su residencia, a escuchar la misa dominical. Lo acompañaban el jefe de la Casa Militar, coronel Antonio Rodríguez, y el edecán Luis Solari. En el interior de la iglesia lo aguardaba el joven aprista José Melgar Márquez, de apenas 18 años, quien no dudó en dispararle por la espalda cuando lo tuvo a su alcance. El coronel Rodríguez fue herido en una pierna; Melgar huyó saltando entre las bancas, pero fue capturado por Luis Solari cuando escalaba una verja. Sánchez Cerro fue llevado al hospital Delgado. La bala había penetrado en el tórax y dañado el vértice del pulmón izquierdo.

El Congreso, ya controlado por los sanchezcerristas, aprobó al día siguiente una ley que autorizaba al Ejecutivo la formación de cortes marciales y la pena de muerte para los autores de delitos de rebelión, sedición o motín. Se aplicó con carácter retroactivo la pena capital a Melgar y a Juan Seoane (hermano del líder aprista Manuel Seoane), el primero por ser autor del crimen y el segundo porque se descubrió que le proveyó el arma a Melgar, mientras que Reynaldo Bolaños, conocido como Serafín Delmar y director de la revista *APRA*, recibió la pena de veinte años por tener conocimiento del asesinato y no haberlo denunciado. Los demás procesados apristas fueron absueltos por falta de pruebas.

Una campaña de opinión pública se llevó a cabo para evitar la muerte de Melgar y Seoane. Además de familiares y amigos, solicitaron la conmutación de la pena el Consejo Universitario de San Marcos, el Colegio de Abogados de Lima, la Unión Católica del Perú, el cuerpo diplomático, el clero e inclusive algunos partidarios de Sánchez Cerro, como Antonio Miró Quesada y Alfredo Herrera. Hubo tal oposición a la aplicación retroactiva de la pena de muerte que el Congreso abrió el camino legal para su suspensión, aprobando una ley que autorizaba al presidente a conmutar la pena de sentenciados por la corte marcial. En la misma sesión se aprobó el ascenso de Sánchez Cerro al grado de coronel. En la festividad del Corpus Christi, el 25 de mayo, Sánchez Cerro anuló la sentencia a Melgar, quien salió en libertad en 1945. No obstante, la persecución contra apristas y opositores no cesó. Desde su cama en la clínica, Sánchez Cerro dirigió un mensaje radial para señalar que su gobierno no toleraría la difusión de doctrinas de destrucción y odio, ni sectas de fanáticos. Al salir de alta, en un claro mensaje a sus enemigos, fue a escuchar la misa del mediodía a la iglesia de Miraflores antes de dirigirse a Palacio.

Los dirigentes apristas pasaron a la clandestinidad para protegerse de la represión gubernamental, incluido Haya de la Torre, quien fue atrapado el 6 de mayo de 1932, cuando un jardinero afiliado a un club sanchezcerrista denunció su escondite en una casa en Miraflores. La Policía montó una operación espectacular pues la casa estaba junto a la Legación de México, y se temía que Haya buscara refugio en ella. Dos meses antes, el juez Augusto Villagarcía había abierto instrucción contra el líder aprista. Fue este juez quien interrogó a Haya en el Panóptico, cuya celda solo tenía dos pequeñas aberturas. Su salud empezó a quebrantarse y se declaró en huelga de hambre. En un informe del 3 de enero de 1933, escrito por el médico Luis F. de la Puente, se recomendó mejorar las condiciones de carcelería: que se le dotara de servicios higiénicos, se le expusiera a la luz solar y se le tratara la colitis que padecía.

Si bien el Partido Aprista fue relativamente controlado, en los cuarteles se produjeron algunas asonadas. Por instigación aprista, aunque negado por Luis

Luis M. Sánchez Cerro el día de la juramentación como presidente de la Junta de Gobierno en 1930. *Fuente:* Biblioteca Nacional del Perú.

Alberto Sánchez, se sublevaron los marineros de los cruceros *Grau* y *Bolognesi*. La oficialidad y los jefes no estuvieron comprometidos. Los rebeldes fueron atacados por un submarino y desde el aire por aeroplanos con ametralladoras, lo que concluyó en una rápida rendición. Ocho marineros fueron sentenciados a muerte y ejecutados en la isla San Lorenzo. Por este hecho, el ministro Luis A. Flores envió una nota de felicitación al ministro de Guerra. En el Congreso, Ernesto Merino, capitán retirado y representante por Piura, señaló que la rebelión de los marinos se debía a la pobre alimentación y a los numerosos abusos de sus superiores. Días después Merino fue agredido al salir del Congreso por hombres armados. Repelió el ataque hiriendo a uno de sus agresores, por lo que fue detenido. Los representantes descentralistas presentaron una moción para retirar la confianza al ministro de Gobierno, y Eguiguren, quien informó que su casa fue atacada después del atentado de Miraflores, dio pase a la moción y sugirió la renovación del gabinete de ministros.

Sánchez Cerro tuvo que formar un nuevo consejo de Ministros encabezado esta vez por Ricardo Rivadeneira. El repudiado ministro Luis A. Flores fue reemplazado por Julio Chávez, el prefecto de Lima que sacó a los representantes apristas del Parlamento. Dos días después de que el gabinete recibiera el voto de confianza del Congreso, el Ejecutivo envió una moción que solicitó la censura de Eguiguren por someter al voto la moción contra el gabinete sin consultar su admisión al debate. A los pocos días Eguiguren viajó a Chile. El 11 de agosto, vísperas de su regreso, se aprobó en el Congreso una moción que lo acusaba de abandono de cargo por no tener licencia para su viaje. Fue destituido y se eligió a Clemente Revilla como nuevo presidente del Parlamento.

La revolución de Trujillo y el conflicto con Colombia

En 1932 se produjo la revolución aprista de Trujillo que puso al Perú al borde de la guerra civil, trance que se agudizó con varias sublevaciones militares, huelgas de trabajadores y, en el frente externo, con el conflicto con Colombia. El gobierno de Sánchez Cerro se vio así amenazado desde varios flancos, aunque el primero en estallar fue el aprista. Los seguidores de Víctor Raúl Haya de la Torre venían evaluando una insurgencia popular para revertir la ofensiva de Sánchez Cerro, y lograron comprometer al comandante Gustavo Jiménez y a sectores del Ejército, así como a los departamentos del norte. El estallido se postergó varias veces, por lo que el impaciente líder local de Trujillo, Manuel Barreto, conocido como "el Búfalo", precipitó las acciones y lanzó un ataque al cuartel O'Donovan la madrugada del 7 de julio.

Aunque Barreto murió casi al iniciarse el ataque, los apristas lograron capturar el O'Donovan luego de cuatro horas de combate. Con el armamento obtenido en el almacén, los insurrectos se dirigieron a atacar el local de la Prefectura y el cuartel de la Guardia Civil. El prefecto, el jefe de la artillería y otras autoridades militares y civiles fueron detenidos y recluidos en las cárceles, las que fueron vaciadas de los presos comunes; incluso varios de estos se convirtieron en carceleros y, en medio del desconcierto en que se hundió la ciudad, en cabecillas de la revuelta. Agustín Haya de la Torre, hermano del líder aprista, fue ungido como prefecto de Trujillo por la multitud. Al capitán Leoncio Rodríguez se le designó jefe militar de los revolucionarios, y fue este quien dirigió la construcción de trincheras para defender la ciudad. La revolución aprista se extendió al valle de Chicama, Santiago de Chucho y otras localidades donde tenían células del partido, mientras llegaron a producirse levantamientos menores en Cajamarca y Huaraz.

El Gobierno envió tropas para combatir a los insurrectos, que desembarcaron en el puerto de Salaverry, pero cuando intentaron marchar sobre Trujillo fueron repelidos exitosamente por los combatientes apristas, quienes celebraron la victoria entregándose al licor. En la noche, ante la inminencia de un ataque del Ejército y la Aviación, Agustín Haya de la Torre y el capitán Rodríguez fugaron de Trujillo dejando a los insurrectos sin dirección política y la cárcel en poder de los expresidiarios. El Gobierno encargó entonces al coronel Manuel Ruiz Bravo, comandante de la región militar con sede en Lambayeque, el plan para capturar Trujillo, quien desplegó sus tropas en forma de tenaza por el norte y el sur de la ciudad. La ofensiva se inició la madrugada del 10 de julio, precedida por un bombardeo aéreo que destruyó los nidos de ametralladoras. La lucha duró todo el día, casa por casa, venciendo todo foco de resistencia.

La batalla fue desproporcionadamente cruenta, con clara superioridad en armas y efectivos por parte de las fuerzas del orden. Cuando era inminente que los insurgentes serían aplastados, elementos del hampa tomaron represalias: asesinaron a 14 jefes y oficiales del Ejército, además de 20 guardias civiles prisioneros. Algunos de los cadáveres fueron terriblemente mutilados: al del comandante Silva Cáceda se le extrajo el corazón y al del teniente Villanueva los órganos genitales. A la mañana siguiente la ciudad estaba semiderruida e incendiada, mientras los apristas todavía combatían por mantener la Plaza de Armas y la Prefectura, pero era una resistencia inútil. Capturado Trujillo, se formó cortes marciales que condenaron a muerte a Agustín Haya de la Torre y al capitán Rodríguez, así como a 53 reos ausentes; 44 detenidos presentes fueron fusilados inmediatamente en las ruinas de Chan Chan. Se produjeron además numerosas ejecuciones extrajudiciales, y se afirma que fueron fusilados todos los que tenían señas, en manos y hombros, de haber disparado un fusil. Se calcula que las víctimas bordearon las mil personas, aunque los apristas señalan que fueron cuatro mil. En represalia por la insurrección, Trujillo no recibiría inversión estatal por largos años.

Pero los apristas volverían a insistir en una revolución encabezada por Gustavo Jiménez, quien finalmente se levantó el 11 de marzo de 1933 en Cajamarca, se autoproclamó Jefe Supremo de la República y emitió un decreto por el cual derogó todas las leyes y normas dadas hasta la fecha. Jiménez y su regimiento marcharon hacia Trujillo luego de dejar Cajamarca a cargo del capitán Daniel Villafuerte, quien había combatido a los apristas durante la insurrección. Se esperaba una gran sublevación de las bases apristas, pero esta nunca se produjo. Jiménez y sus hombres llegaron a Chilete y tomaron el tren a Pacasmayo; sin embargo, la Guardia Civil destruyó el puente de Quebrada Honda y levantó los rieles del ferrocarril en el kilómetro 23. Después, las tropas enviadas por el Gobierno desde Trujillo, Lambayeque y el Callao, al mando de Luis Vinatea, se enfrentaron a Jiménez en Malabrigo, al tiempo que aviones militares realizaron vuelos de reconocimiento y de intimidación.

De acuerdo con un atestado militar, el capitán Luis Tirado Vera y otros oficiales del Ejército se entrevistaron con los rebeldes y con el mismo Jiménez, quien al enterarse de que el Ejército no apoyaba su sublevación decidió rendirse. Jiménez manifestó ser víctima de un engaño, entregó el dinero recibido para su sublevación, extrajo un revólver, se apuntó en la sien, dijo "no soy

Funerales de Luis M. Sánchez Cerro.
Fuente: Revista Militar del Perú.

un traidor" y disparó. Los oficiales rebeldes fueron juzgados en cortes marciales que sentenciaron a pena de muerte a cuatro oficiales considerados leales a Jiménez, los que fueron ejecutados en Chan Chan. El resto de oficiales recibió penas de entre cinco y veinte años, y la tropa fue absuelta.

Por otro lado, a inicios de septiembre de 1932 se produjo el "incidente de Leticia", que abrió un flanco externo al régimen sanchezcerrista: decenas de familias de Loreto capturaron dicho poblado, expulsaron a las autoridades colombianas y lo reclamaron como peruano. Leticia es una localidad a orillas del río Amazonas que el Perú entregó a Colombia en 1930 como parte de la aplicación del Tratado Salomón-Lozano firmado por el gobierno de Leguía. Cuando la prensa difundió la audacia de los loretanos, la opinión pública apoyó la medida e incluso algunos sectores del Ejército se pronunciaron a favor de la reincorporación de Leticia al Perú. El incidente puso en un aprieto diplomático al gobierno de Sánchez Cerro, y algunos creyeron ver la mano de apristas y comunistas para desestabilizar al régimen. En Loreto, la población se manifestó en contra del Tratado Salomón-Lozano y en las principales ciudades del país hubo expresiones de patriotismo.

Aunque el Gobierno comunicó a Colombia que ratificaba el Tratado y que ninguna autoridad civil o militar había participado en los incidentes, no se atrevió a desalojar a las familias peruanas de Leticia por el temor de que se produjera una sublevación en Loreto que contagiara al resto del país, ya de por sí conmocionado. Además Sánchez Cerro era opuesto al Tratado, y su prestigio podía verse comprometido si violentaba una situación derivada de un pacto del régimen que él había demonizado. La Cancillería peruana, al mando de José Matías Manzanilla, quiso iniciar negociaciones con el Gobierno colombiano, pero este se negó a reconocer cualquier conflicto fronterizo y exigió que se desalojara a los peruanos de Leticia. Tampoco funcionaron los buenos oficios de la Cancillería del Brasil y de algunos países para evitar que el incidente se convirtiera en un conflicto militar.

No obstante, los acontecimientos bélicos se precipitaron. En Colombia se organizó una expedición fluvial para recuperar Leticia, y enterado el Gobierno peruano aprobó un empréstito, impuestos extraordinarios y una colecta nacional para comprar armamento. Ambos países trasladaron hombres a la frontera. En febrero se produjeron los primeros enfrentamientos. Tropas colombianas ingresaron a territorio peruano y capturaron la localidad de Tarapacá y Güepí. Hubo bombardeo de aviones peruanos y colombianos sobre embarcaciones y zonas ocupadas por el enemigo. En Lima, en el distrito de Barranco, una turba atacó la legación diplomática de Colombia. El general Óscar R. Benavides, ministro plenipotenciario del Perú en Inglaterra, regresó al Perú y fue nombrado jefe del Consejo Nacional de Defensa en previsión de una guerra total. El Gobierno quiso mostrar una postura firme, y llamó a los jóvenes a enlistarse en las Fuerzas Armadas. El desfile de movilizables del domingo 30 de abril en el que fue asesinado Sánchez Cerro era parte de estos preparativos.

El asesinato y las investigaciones

Sánchez Cerro, como ya se dijo, murió en el Hospital Italiano, adonde comenzó a llegar una multitud de curiosos para conocer los pormenores del atentado. Los funerales se realizaron el 1 de mayo en la capilla El Sagrario, y como la multitud que desfiló frente al ataúd parecía nunca acabar, las exequias se prolongaron hasta el 4 de mayo, día en se realizó una parada militar y el homenaje oficial. En el cementerio, ante el ataúd, José Matías Manzanilla y otros dirigentes pronunciaron discursos sobre la valentía del caudillo: Sánchez Cerro rechazó usar el auto blindado que tuvo a su disposición para no dar señales de debilidad a sus enemigos-verdugos, que todos coincidían en que eran los apristas.[6]

---

6. Pease 1995: 185.

El proceso judicial buscó develar las conexiones entre Mendoza Leyva y el Partido Aprista, pero la ejecución del asesino complicaba la tarea de descubrir quiénes lo ayudaron a planear el atentado y le proveyeron el arma. Algunos señalaron con suspicacia la conveniencia de que Mendoza Leyva no fuera capturado para que delatara a sus cómplices, e inclusive hubo quien puso en duda que fuera realmente el asesino, con el propósito de sugerir que su muerte ocultaba al verdadero autor del crimen. La investigación policial se enfocó en las relaciones personales de Mendoza Leyva y detuvo a 19 sospechosos con conexiones con el Partido Aprista, quienes fueron recluidos en el Panóptico y en el cuartel Sexto en situación de incomunicados para someterlos a los interrogatorios correspondientes. La Policía obtuvo diversas confesiones, pero en las audiencias los imputados señalaron que les fueron arrancadas mediante tortura. Uno de los detenidos, el zapatero Filomeno Saco, en cuyo taller en el Rímac durmió algunas veces Mendoza Leyva, se suicidó en su celda del Panóptico ahorcándose con un cable de luz y cortándose las muñecas. El cuerpo fue encontrado al amanecer por el guardia de turno en medio de un charco de sangre.[7] Por otro lado, gracias a la delación de un testigo que observó a la persona que recogió el arma homicida, una Browning automática casi nueva, fue detenido Ángel Millán Ramos, un portapliegos de la secretaría de Palacio de Gobierno nombrado recientemente en la oficina de correos de Huancayo, ciudad en la que fue detenido por la Policía

---

7. *La Crónica*, 7 de junio de 1933.

dos semanas después de los hechos en posesión del arma.

La corte marcial procesó a dichos acusados. El diputado y dirigente aprista Luis Heysen, quien estuvo implicado en el atentado de Miraflores, fue juzgado en ausencia, pues había pasado a la clandestinidad. Lo mismo ocurrió con Leopoldo Pita, a quien se acusó de ser el responsable de organizar el atentado. Conforme avanzaba el proceso, las responsabilidades del crimen fueron recayendo exclusivamente en Mendoza Leyva, en Pedro Catalino Lévano —quien como vimos se alojaba en el local de la Federación Gráfica— y en Héctor Valdivia, de quien uno de los encausados dijo que obsequió a Mendoza Leyva una pistola y lo acompañó alguna vez a la Escuela Militar de Chorrillos para que atentara contra Sánchez Cerro. Ángel Millán Ramos, quien recogió el arma, fue procesado por delito de encubrimiento. Lévano, un hombre de baja estatura y ya mayor, afirmó que desconocía los planes de Mendoza Leyva y que sus declaraciones en las que aceptaba haber instigado el magnicidio fueron obtenidas por medio de torturas. Esta fue la versión de la mayoría de acusados: la Policía utilizó el tormento y la amenaza para hacerles admitir su complicidad... y Mendoza Leyva no estaba vivo para confirmar las acusaciones.

El otro acusado importante era Héctor Valdivia, detenido anteriormente en el Real Felipe por distribuir periódicos apristas, quien admitió conocer a Mendoza Leyva y que este lo visitaba cuando estuvo recluido, pero negó haberle entregado el arma y conocer que pretendía cometer dicho crimen. Por su parte, Millán Ramos

Mausoleo del presidente Luis M. Sánchez Cerro
en el cementerio Presbítero Matías Maestro.
Fuente: Wikipedia.

admitió que estaba cerca de la escena del crimen, que recogió el arma, la guardó en su bolsillo y se marchó a su casa porque "con lo que había visto me volví zonzo". Al día siguiente debía asumir el puesto de auxiliar de correos en Huancayo, y por esa razón se trasladó a dicha ciudad, donde fue detenido por las fuerzas del orden.

La sentencia de la corte señaló que, dada la cantidad y variedad de disparos que se encontraron en el auto presidencial, así como de policías y soldados heridos, se trató de un complot para matar a Sánchez Cerro. El perito de balística declaró que fueron por lo menos cuatro personas las que dispararon sobre el auto del presidente: "Es imposible que una persona o dos disparen de atrás, de delante y de arriba".[8] Y sin embargo la sentencia absolvió a todos los imputados por no existir evidencias concretas para inculparlos. La sentencia fue un duro revés para los sanchezcerristas radicales, quienes esperaban que se castigara a los líderes apristas. Luis A. Flores, como medida de protesta, renunció a su ministerio, y, según sus declaraciones, le comunicó a Benavides: "Voy a combatirlo, porque tengo una cualidad sobre todos mis defectos, soy un hombre leal". Las teorías conspirativas con Benavides como protagonista no tardaron en construirse, pues se conoció por boca del mismo Haya de la Torre que mientras estaba en prisión tuvo comunicación con Benavides, y que acababa de recibir una misiva de él cuando le llegó la noticia del atentado contra Sánchez Cerro. Basadre duda de la veracidad de esta historia, pero los herederos del sanchezcerrismo nunca se cansaron de afirmar que Benavides tuvo complicidad con el magnicidio. Eguiguren lo sugiere en su libro *El usurpador*, y Luis A. Flores afirmó en una manifestación sanchezcerrista que el "responsable de la muerte del líder piurano estaba en Palacio de Gobierno", aunque luego lo negó cuando en sesión del Congreso se le demandó que aclarara el trascendido.

Poco después de la sentencia absolutoria, dimitió el gabinete de José Matías Manzanilla, y en su reemplazo se nombró un gabinete de "apaciguamiento y concordia",

---

8. *La Crónica*, 19 de junio de 1933.

presidido por Jorge Prado, quien también asumió la cartera de Gobierno y Policía. En agosto Benavides y su nuevo ministro de Justicia, Daniel Olaechea, promulgaron la ley de amnistía a los procesados por delitos políticos, gracias a la cual los apristas encarcelados pudieron salir en libertad, incluido Haya de la Torre. Los parlamentarios exiliados retornaron, pero no se les permitió recuperar sus escaños.

Epílogo

Aunque los dirigentes apristas siempre señalaron que la acción de Mendoza Leyva fue un acto individual y desesperado, que no involucró a la dirección del Partido Aprista, Armando Villanueva admitió en *La gran persecución* que, además del plan de Luis Heysen de atentar contra Sánchez Cerro con bombas, un sector del partido sí participó del asesinato en Santa Beatriz: "En eso sí estuvo Leopoldo Pita, que formó parte del equipo, porque la verdad es que sí hubo una conspiración con Mendoza. No fue un acto espontáneo, exclusivo, personal y anarquista. Él cumplió una misión de quienes consideraron que ese era el camino". En su momento hubo un intento de reivindicar a Mendoza: Víctor Larco Herrera hizo imprimir cien mil fotografías con su rostro que fueron distribuidas por Lima, pero la tendencia fue a silenciar la participación de los apristas.

Por otro lado, la muerte de Sánchez Cerro significó para los apristas la eliminación del único adversario que le disputaba la devoción de las masas y que en las elecciones de 1931 fue el freno contra Haya de la Torre. Aunque se puede decir que, en el largo plazo, el camino estaba libre para el Partido Aprista, la muerte del líder piurano desencadenó una serie de acontecimientos que arrinconaron al partido y casi lo llevan a su disolución. Benavides hizo una tregua con Haya de la Torre, pero cambió de opinión cuando en noviembre se realizó una manifestación aprista en la Plaza de Acho a la que asistieron cincuenta mil partidarios. "La impresión general era de que si aquella masa de cincuenta mil personas hubiese querido ese día asaltar el Palacio de Gobierno, nadie la habría detenido", señala Luis Alberto Sánchez. Si hubo un acuerdo entre Benavides y Haya, como aparece sugerido en el libro de Guillermo Thorndike, este se rompió cuando en reemplazo del gabinete Prado, se nombró a José de la Riva-Agüero y se reanudó la persecución de los apristas. Como Sánchez Cerro, Benavides temió que los apristas organizaran una revolución y pasó a la ofensiva, iniciando la época de la Gran Persecución, como llamó el histórico líder aprista Armando Villanueva al gobierno de Benavides.

Por otro lado, la insurrección de Trujillo y la ejecución de los oficiales militares motivaron la oposición de las Fuerzas Armadas a que llegara al poder el líder aprista. Como señala Sheahan, "los dos rivales populistas lograron así cancelarse mutuamente".[9] Basadre sugiere que Haya pudo haber tenido otra táctica frente a Sánchez Cerro; después de todo, había quedado en un importante segundo lugar y era un líder joven. "En 1931 se inició el proceso por el cual Haya de la Torre no logró ser jefe del Estado en el Perú".

9. Sheahan 2001: 58.

Post mortem

El título de este libro —sugerido por mi amigo y colega Raúl H. Asensio— merece una aclaración: además de su carácter provocador, capta perfectamente el temperamento de la época de los caudillos militares y de los inicios del siglo XX, cuando la eliminación física del adversario político fue una práctica reiterada, un deseo público y a veces un sueño reprimido. Fue así un componente que acompañó nuestra historia política, cuya relevancia debe considerarse no solo en función de los grandes magnicidios, sino también de los atentados fallidos, de crímenes menores pero de importante resonancia —como el asesinato en 1917 de Rafael Grau, el hijo del Caballero de los Mares— o de las "ejecuciones" que encubrían el empeño de liquidar a un antagonista peligroso, como fue el fusilamiento de Felipe Santiago Salaverry, que fue ordenado en 1836 por el general Andrés de Santa Cruz y conmocionó a la sociedad decimonónica del siglo XIX.

Aunque ahora nos puedan parecer sucesos excepcionales, los crímenes políticos eran alentados de manera pública, y fueron, si no reivindicados, sí justificados por el bando que se benefició de ellos. El asesinato de Monteagudo fue incitado en la prensa y a través de panfletos distribuidos por la ciudad. Antes de expirar en la entrada del Congreso, Pardo sufrió un atentado contra su vida, y según varios testimonios hubo planes no realizados para acabar con su vida, así como una caricatura reproducida en estas páginas. Sánchez Cerro recibió los peores agravios que se registran en la historia política peruana, y no solo del poeta arequipeño Alberto Hidalgo, autor del folleto *Sánchez Cerro o el excremento*; se le había matado moralmente antes de ser acribillado en el hipódromo de Santa Beatriz.

Ahora bien, ¿cambiaron estos crímenes el curso de la historia? Mucho depende de la posición de las víctimas y de las circunstancias del momento. Cuando Monteagudo fue apuñalado ya no era el hombre poderoso que gobernó el Perú detrás de José de San Martín. Su muerte, cabe reiterarlo, tuvo un carácter preventivo: se temía su ascenso a las altas esferas del poder, y había que enviar el mensaje de que el bando republicano estaba dispuesto a todo para prevalecer. Tuvo también una buena dosis de revanchismo, de ánimo vengativo de sus enemigos, por lo que su impacto fue menor que el asesinato de Pardo, cuyo propósito era frustrar su reelección a la Presidencia de la República; porque Pardo era presidente del Senado y jefe de la principal organización política peruana, el Partido Civil, que gobernará el Perú dos décadas, incluyendo dos periodos presidenciales de su hijo José Pardo. Ciertamente, su inminente retorno al poder y que su asesinato ocurriera en la antesala de la guerra con Chile confiere al hecho el significado de una tragedia nacional.

El caso de Sánchez Cerro es el más impactante, ya que ocurrió cuando este ejercía la Presidencia de la República, y el Perú vivía momentos convulsionados tanto por las asonadas militares y las conspiraciones apristas como por el fantasma de una guerra con Colombia. El asesinato de Sánchez Cerro, mirado en perspectiva histórica, marcó el punto más alto de la evolución del crimen político en el Perú, y me atrevo a decir que modificó el curso de los acontecimientos porque creó el escenario para el ascenso de una dictadura militar. Si los elementos apristas que colaboraron con su asesino creyeron que ayudaban a mejorar la situación del APRA, se equivocaron rotundamente. En los años siguientes, el gobierno de Benavides persiguió, encarceló, exilió, torturó y ejecutó a numerosos militantes apristas; el partido tuvo que ingresar a la clandestinidad y sus líderes marchar al exilio o pasar a lo que se conoce como la "época de las catacumbas". Con el asesinato de Sánchez Cerro empieza a gestarse la enemistad histórica de las Fuerzas Armadas y el APRA, que acabará en el veto contra Haya de la Torre que hizo inviable su ascenso al poder.

Por otro lado, este magnicidio tuvo un impacto en los protocolos de seguridad para los mandatarios. La política en el siglo XIX y los inicios del XX fue una actividad de alto riesgo, situación que cambió con la modernización de la Policía en el gobierno de Leguía, que incorporó los departamentos de investigaciones y elevó así la capacidad de previsión del Estado. Las técnicas para obtener información, además de la intervención de correos y las escuchas telefónicas, convierten en prácticas cotidianas al policía infiltrado y a los seguimientos a políticos, así como naturalizan a los "soplones" de oficio. También los métodos de interrogatorio se hacen más "sofisticados", y emerge el especialista en dar tormento a los detenidos para obtener delaciones. En la segunda década del siglo XX, dice Basadre, se hizo más fácil mantenerse en el poder que llegar a él por la vía de la conspiración.

Después del asesinato de Sánchez Cerro, que en buena parte se debió a la imprudencia de rechazar el auto blindado y a subestimar a sus enemigos, los protocolos de seguridad presidencial se endurecieron. Benavides y luego el dictador Manuel A. Odría se tomaron en serio las políticas de seguridad y fueron implacables ante cualquier amago de conspiración. Las innovaciones, como los chalecos antibalas, los anillos de resguardo y los perímetros de seguridad, se implementaron rápidamente. Desde entonces no hemos tenido otro asesinato presidencial, aunque uno nunca puede saber con certeza si el de Sánchez Cerro será el último magnicidio en el Perú.

Esbozo bibliográfico

Este libro debe mucho a los historiadores y estudiosos que escribieron y publicaron libros, biografías y documentos sobre la historia de nuestros personajes. De los diversos textos sobre crímenes políticos y magnicidios, me fueron de gran utilidad Julio A. Sierra, *Asesinatos políticos en América Latina* (Buenos Aires: El Ateneo, 2005); y Pedro González-Trevijano, *Magnicidios de la historia* (Barcelona: Galaxia Gutenberg, 2012); también Michael Newton, *Famous Assassinations in World History: An Encyclopedia* (Santa Bárbara: ABC-CLIO, 2014, 2 vols.). El discurso de Gabriel García Márquez, "La soledad de América Latina", que pronunció cuando recibió el Premio Nobel de Literatura, corresponde a *Diálogo sobre la novela Latinoamericana* (Lima: Perú Andino, 1988, pp. 11-17). Para la comprensión de la época de Pardo, resultó imprescindible, el volumen V, de la *Historia de la república del Perú 1822-1933*, de Jorge Basadre (Lima: Editorial Universitaria, 1983); y para los asuntos de la corrupción el texto de Alfonso W. Quiroz, *Historia de la corrupción en el Perú* (Lima: IEP-IDL, 2013).

Sobre Monteagudo, el biógrafo más importante es Mariano de Vedia y Mitre, autor de *La vida de Monteagudo* en tres tomos (Buenos Aires: Editorial Kraft, 1950). El más imaginativo, seguramente, es el libro de Juan Pablo Echague, *Monteagudo: una vida meteórica* (Buenos Aires: Editorial Kraft, 1942). Sobre el controvertido nacimiento de Monteagudo, véase José Vázquez: "La última palabra sobre la nacionalidad de don Bernardo Monteagudo" (en *Boletín del Instituto de Investigaciones Históricas de la Facultad de Filosofía y Letras,* tomo XX, enero-junio. Buenos Aires: Talleres S. A. Casa Jacobo Peuser, 1936, pp. 35-71). El pensamiento político de Monteagudo ha recibido mucha atención de los historiadores. Así, Ricardo Rojas reunió gran parte de sus escritos en *Obras políticas de Monteagudo* (Buenos Aires: Librería La Facultad, 1916); consúltese también Gustavo Montoya: "Pensamiento político de Bernardo Monteagudo: entre el autoritarismo y la democracia" (en *La independencia del Perú y el fantasma de la revolución.* Lima: IEP, 2002, pp. 152-188); de Carmen McEvoy, "El motín de las palabras: la caída de Bernardo Monteagudo y la forja de la cultura política limeña (1821-1822)" (en *Forjando la nación. Ensayos de historia republicana.* Lima: PUCP, 1999, pp. 1-60); de Scarlett O´Phelan, "Sucre en el Perú: entre Riva-Agüero y Torre Tagle" (en *La independencia del Perú. De los borbones a Bolívar.* Lima: PUCP, IRA, 2001). Recientemente, el estudio de Pablo Ortemberg, "El odio a Bernardo Monteagudo como impulsor del primer gobierno autónomo del Perú" (en Claudia Rosas Lauro, ed., *El odio y el perdón en el Perú, siglos XVI-XXI.* Lima: PUCP, 2009, pp. 115-146).

En cuanto a la documentación de la época, tomemos las *Memorias. Sobre los principios políticos que seguí en la administración del Perú, y acontecimientos posteriores a mi separación* (Santiago de Chile; Imprenta Nacional, 1823). fue importante la publicada en dos tomos por José de la Riva-Agüero con el seudónimo de Pruvonena: *Memorias y documentos para la historia de la independencia del Perú, y causas del mal éxito que ha tenido ésta* (París: Librería de Garnier Hermanos, 1858); también el tomo primero del libro de Mariano Paz Soldán, *Historia del Perú independiente* (Lima: [sin editorial], 1868); de Francisco J. Mariátegui, *Anotaciones a la Historia del Perú independiente de don Mariano Paz Soldán* (Lima: Imprenta El Nacional, 1969). Sobre la muerte, Mariano Paz Soldán resumió el proceso en su folleto: *Causa célebre sobre el asesinato de Monteagudo* (Lima: Tipografía de Aurelio Alfaro y Ca., 1860); véase también de Ricardo Palma, "Bolívar, Monteagudo y Sánchez Carrión (estudio histórico)" y "Polémica" (en *Mis últimas tradiciones peruanas*. Barcelona-Buenos Aires: Casa Editorial Maucci, 1906, pp. 541-594). De Carlos Salas, *La muerte de Monteagudo* (Buenos Aires: Establecimiento Tipográfico. J. Weiss y Preusche, 1918); finalmente, Tomás Cipriano de Mosquera, *Memoria sobre la vida del general Simón Bolívar, Libertador de Colombia, Perú y Bolivia* (Bogotá: Imprenta Nacional, 1853).

Por otro lado, en la bibliografía acerca del líder del Partido Civil hay que empezar por los mismos textos escritos por Manuel Pardo: "Estudio sobre la provincia de Jauja" [1860]; "Algunas cuestiones sociales con motivo de los disturbios de Huancané. Al Soberano Congreso" [1867]; "Memoria presentada como ex secretario de

Hacienda al Jefe Supremo provisorio de la República" [1867] (todas publicadas por Carmen Mc Evoy en *La huella republicana liberal en el Perú. Manuel Pardo* (Lima: Fondo Editorial del Congreso del Perú, 2004). Sobresalen los libros de Manuel González, *Figuras y figurones. Manuel Pardo, Piérola, Romaña y José Pardo* (París: Tipografía de Louis Bellenand et Filis, 1938); de Evaristo San Cristóval, *Manuel Pardo y Lavalle: su vida y su obra* (Lima: Gil Editores, 1945), así como el de Jacinto López, *Manuel Pardo* (Lima: Gil Editores, 1947). José Carlos Martin escribió el breve pero importante libro: *Manuel Pardo en Chile* (Lima: [sin editorial], 1978); y Benjamín Vicuña Mackenna: *Manuel Pardo ex-presidente del Perú: breves apuntes. I revelaciones sobre su vida* (Santiago de Chile: Imprenta de la Librería del Mercurio, 1878). En los últimos años debemos a la historiadora Carmen McEvoy varios estudios fundamentales sobre Pardo: *Un proyecto nacional en el siglo XIX. Manuel Pardo y su visión sobre el Perú* (Lima: PUCP, 1994); *La utopía republicana. Ideales y realidades en la formación de la cultura política peruana (1871-1919)* (Lima: PUCP, 1997); *Homo Politicus. Manuel Pardo, la política peruana y sus dilemas, 1871-1878* (Lima: ONPE, IEP, IRA, 2007); y una reunión de sus escritos en *Manuel Pardo. La huella republicana liberal en el Perú. Escritos fundamentales* (Lima: Fondo Editorial del Congreso del Perú, 2004).

Sobre el asesinato de Pardo, el Ministerio de Gobierno reunió la información de la prensa en el libro: *El asesinato de Manuel Pardo presidente del senado. 16 de noviembre de 1878* (Lima, Imprenta del Estado, 1879). Documentos importantes del proceso fueron publicados en *Asesinato del Excmo. Sr. Manuel Pardo. Presidente del Senado del Perú. Sumario del juicio seguido contra los asesinos* (Lima: Imprenta de El Comercio, 1879). La versión de uno de los involucrados puede verse en José Ampuero, *Triunfo de la justicia: el doctor Ampuero y el asesinato de D. Manuel Pardo* (Lima: Imprenta del Universo, 1880). Otros documentos aparecen en dos tomos en *Centenario de Manuel Pardo, 1834-1934* (Lima: Librería e Impresiones Gil, 1935). Y por último un capítulo del libro de Carlos Miró Quesada Laos: *Autopsia de los partidos políticos* (Lima: Ediciones Páginas Peruanas, 1961).

Sobre Luis M. Sánchez Cerro, el libro básico es el de nuestro historiador de la República, Jorge Basadre, *Historia de la república del Perú 1822-1933*, volumen X (Lima: Editorial Universitaria, 1983); asimismo, Carlos Miró Quesada Laos publicó una biografía laudatoria titulada *Sánchez Cerro y su tiempo* (Lima: El Ateneo, 1947). Véase también los cuatro volúmenes de Pedro Ugarteche: *Sánchez Cerro: papeles y recuerdos de un presidente del Perú* (Lima: Editorial Universitaria, 1969). Un estudio importante del movimiento político de Sánchez Cerro se lo debemos a Tirso Molinari, *El fascismo en el Perú. La Unión Revolucionaria 1931-1936* (Lima: Fondo Editorial de la Facultad de Ciencias Sociales de la UNMSM, 2006). Textos más bien críticos son los de Manuel Bedoya, *El Otro Caín. Una fratricida horda roja ha profanado la historia del Perú* (Lima: Editorial Llamarada, [sin año]); Luis Heysen, *El Comandante del Oropesa* (Cusco: Editorial APRA, 1931); y el mencionado del poeta Alberto Hidalgo, *Sánchez Cerro o el excremento* (Buenos Aires: [sin editorial], 1932). Véase también el libro de Percy Murillo Garaycochea, *Historia del APRA, 1919-1945* (Lima: Editora Atlántida, 1976).

La reconstrucción del asesinato de Sánchez Cerro se realizó a través de artículos publicados en los diarios *El Comercio* (1931-1933), *La Crónica* (1931-1933); y en las revistas *Caretas* (n.º 403, sept.-oct, 1969) y *Oiga* (colección histórica suplemento especial: Historia del conflicto entre el APRA y el régimen de Sánchez Cerro, sin fecha). También se consultó los libros de Guillermo Thorndike, *El año de la barbarie. Perú 1932* (Lima: Mosca Azul Editores, 1977); de Luis Alberto Sánchez: *Los primeros pasos 1923-1931. Apuntes para una biografía del Apra, I* (Lima: Mosca Azul Editores, 1978); y *Una larga guerra civil 1931-1934. Apuntes para una biografía del Apra, II* (Lima: Mosca Azul Editores, 1979). Una reconstrucción novelada del primer intento de asesinato de Sánchez Cerro se la debemos a Juan Seoane, *Hombres y rejas* (Santiago de Chile: Ediciones Ercilla, 1937). Por último, el libro de Armando Villanueva y Guillermo Thorndike, *La gran persecución 1932-1956* (Lima: EPENSA, 2004). La cita de John Sheahan corresponde a su libro *La economía peruana desde 1950. Buscando una sociedad mejor* (Lima: IEP, 2001) y la de Franklin Pease a su libro *Breve historia contemporánea del Perú* (Ciudad de México: FCE, 1995).

Impreso en Industria Gráfica **Cimagraf** SAC
Pasaje Santa Rosa 220, Ate.
Lima, Perú, julio 2018

Made in United States
North Haven, CT
10 November 2026

22091515R00102